Praxishilfen zur

Annette Weber

Sexualerziehung

in der Grundschule

Verlag an der Ruhr

Impressum

Titel
Praxishilfen zur Sexualerziehung in der Grundschule

Autorin
Annette Weber

Umschlagillustration
Eva Spanjardt

Kapitelicons
Lupe © LuckyDesigner, Smileys © icon2icon, Herz © icon2icon, Baby © PiconsMe – alle Shutterstock.com

Sensitivity Reading
F. Ahlers

Druck
Athesia Druck GmbH, Bozen, IT

PEFC-zertifiziert
Dieses Produkt stammt aus nachhaltig bewirtschafteten Wäldern und kontrollierten Quellen
www.pefc.de

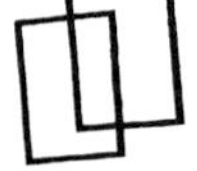

Verlag an der Ruhr
Mülheim an der Ruhr
www.verlagruhr.de

Geeignet für die Klassen 3–4

ISBN 978-3-8346-6630-7

1. aktualisierte Neuauflage des Titels
978-3-8346-0434-7

Inhaltsverzeichnis

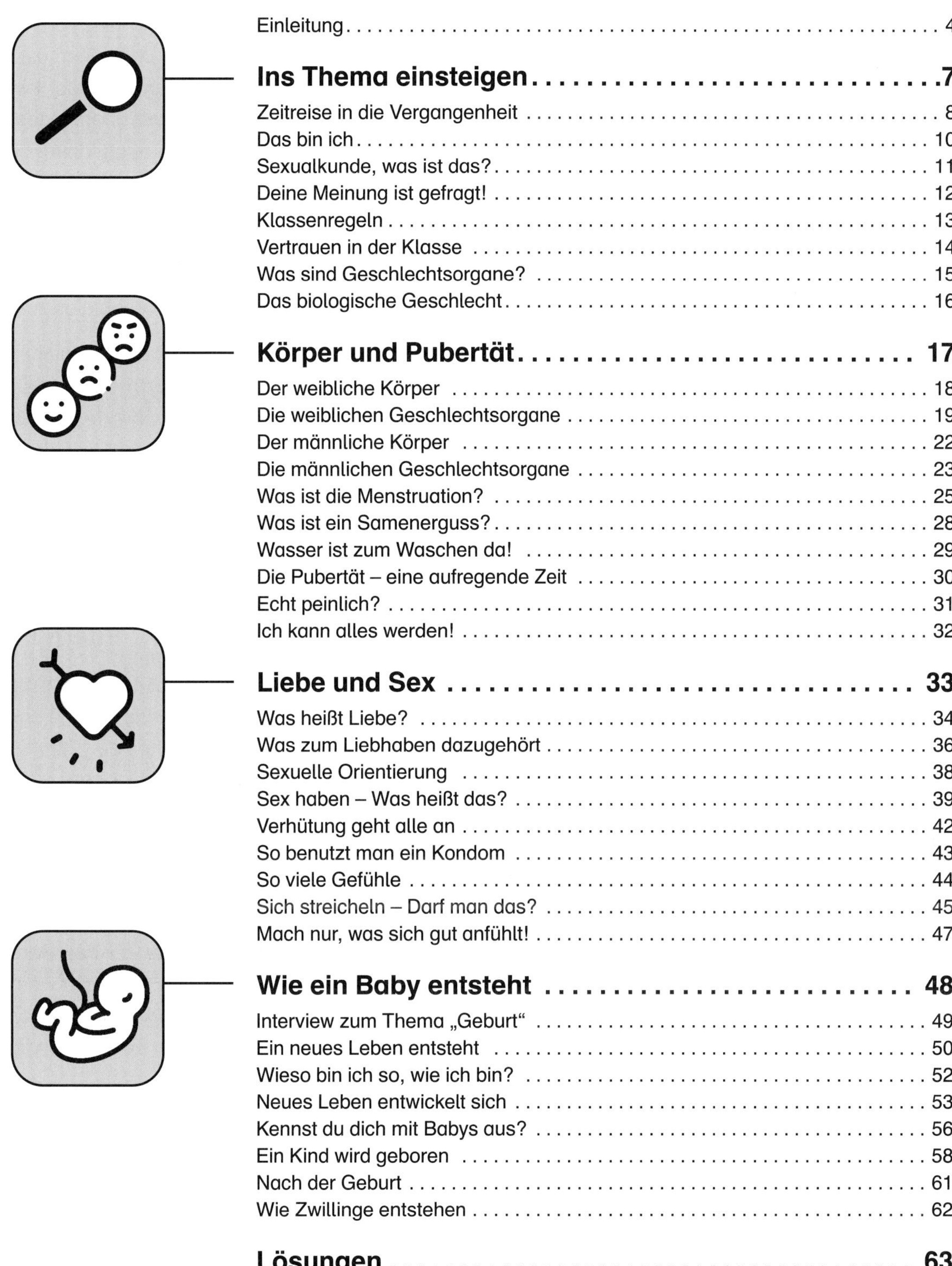

Einleitung 4

Ins Thema einsteigen 7

Zeitreise in die Vergangenheit 8
Das bin ich 10
Sexualkunde, was ist das? 11
Deine Meinung ist gefragt! 12
Klassenregeln 13
Vertrauen in der Klasse 14
Was sind Geschlechtsorgane? 15
Das biologische Geschlecht 16

Körper und Pubertät 17

Der weibliche Körper 18
Die weiblichen Geschlechtsorgane 19
Der männliche Körper 22
Die männlichen Geschlechtsorgane 23
Was ist die Menstruation? 25
Was ist ein Samenerguss? 28
Wasser ist zum Waschen da! 29
Die Pubertät – eine aufregende Zeit 30
Echt peinlich? 31
Ich kann alles werden! 32

Liebe und Sex 33

Was heißt Liebe? 34
Was zum Liebhaben dazugehört 36
Sexuelle Orientierung 38
Sex haben – Was heißt das? 39
Verhütung geht alle an 42
So benutzt man ein Kondom 43
So viele Gefühle 44
Sich streicheln – Darf man das? 45
Mach nur, was sich gut anfühlt! 47

Wie ein Baby entsteht 48

Interview zum Thema „Geburt" 49
Ein neues Leben entsteht 50
Wieso bin ich so, wie ich bin? 52
Neues Leben entwickelt sich 53
Kennst du dich mit Babys aus? 56
Ein Kind wird geboren 58
Nach der Geburt 61
Wie Zwillinge entstehen 62

Lösungen 63

Liebe Kolleg*innen,

im 21. Jahrhundert steht das **Thema „Sexualerziehung“ vor neuen Herausforderungen**. Bestand früher der Konflikt zwischen eher konservativen, behütenden und offeneren Formen der Sexualerziehung, so sind Lehrkräfte, Kinder und Eltern heute mit einer **Pluralität der Meinungen**, Haltungen und Standpunkte konfrontiert.

Auch die **Gesellschaft selbst hat sich verändert**: Die Rollenvorstellungen von Frau und Mann haben sich grundlegend gewandelt, queere Menschen werden zunehmend sichtbar und kämpfen um gesellschaftliche Anerkennung. Nicht zuletzt tragen die Medien und insbesondere das Internet zu einer manchmal ungefilterten Konfrontation mit allen möglichen Formen der Sexualität bei.

Die gesellschaftliche Schere klafft auch beim Wissen und Umgang mit der Sexualität immer weiter auseinander: In einigen Elternhäusern sollen die Kinder von jeglichem Wissen über alles Geschlechtliche ferngehalten werden, andere pflegen einen sehr offenen Umgang mit sexuellen Themen, wieder andere Kinder bringen viel Sach-, aber kaum Beziehungswissen mit in die Schule. Einige Kinder haben vielleicht sogar sexualisierte Gewalt erlebt. Daher wird es umso wichtiger, den Kindern Unterstützung anzubieten, die ihnen hilft, **auf der Basis eines soliden Wissens eine selbstbestimmte, reflektierte und individuelle Einstellung zur Sexualität** zu gewinnen.

Wir können dafür **Unterrichtshilfen** anbieten, keine Rezepte. Sie müssen selbst entscheiden, was Sie mit Ihrer Klasse angehen und in welcher Form Sie die Themen aufgreifen. Sie selbst kennen die Voraussetzungen, Interessen und Probleme Ihrer Klasse am besten. Wenn Sie als Fachlehrer*in in der Klasse sind, ist es hilfreich, ein Vorab-Gespräch mit der Klassenleitung zu führen.

Der Verlag an der Ruhr legt großen Wert auf eine geschlechtergerechte und inklusive Sprache. Daher nutzen wir neutrale Formulierungen oder das Gendersternchen, um alle Menschen unabhängig von Geschlecht oder Geschlechtsidentität einzuschließen. In Texten für Schüler*innen finden sich aus didaktischen Gründen neutrale Begriffe bzw. Doppelformen.

Für die einen ist es eine riesige Peinlichkeit, für die anderen ist dieses Themengebiet die normalste Sache der Welt. Unberührt lässt das Thema „Sexualität“ niemanden, weder Kinder noch Lehrkräfte. Daher ist vor allem eines wichtig: **Authentizität**. Dazu gehört auch, dass Sie sich und den Kindern mögliche eigene Befangenheiten oder Wissenslücken eingestehen, dass niemand genötigt wird, über seine Erfahrungen zu sprechen, und dass alle bereit sind, die vom Gegenüber gesetzten Grenzen zu respektieren.

Sie sollten als Lehrkraft auf alle möglichen Fragen und **Diskussionsbedürfnisse** vorbereitet sein. Denn das eigene Selbstwertgefühl, familiäre Beziehungen, positive und negative Erfahrungen, kulturelle Einstellungen zu Liebe und Partnerschaft beeinflussen den Unterricht in einer nicht zu unterschätzenden Art.

Wie sag ich's „meinen“ Eltern?

Fingerspitzengefühl ist nicht nur beim Umgang mit den Kindern gefragt, sondern auch bei der Information der Eltern. Aufseiten der Eltern gibt es eine **Bandbreite von Einstellungen, Hoffnungen und Befürchtungen**, die sie mit der schulischen Sexualerziehung verknüpfen.

Einige sind froh, das Thema in den Schulunterricht „auslagern“ zu können. Einige fürchten, durch den Unterricht könnten bei den Heranwachsenden „schlafende Hunde“ geweckt werden. Wieder andere arbeiten gerne im Unterricht mit und erzählen offen z. B. von ihrer ersten Liebe oder Schwangerschaft.

Ihr Unterricht kann es nicht leisten, allen unterschiedlichen Elternhaltungen gerecht zu werden. Vielfach hat es sich bewährt, die Eltern vorab, z. B. im Rahmen eines Elternabends, genauer zu informieren – teils wird dies sogar vorausgesetzt. Wenn die Eltern wissen, womit sich ihre Kinder beschäftigen, wird auch ihnen die Unsicherheit ein Stück weit genommen. Überzeugend wirkt oft auch der Ansatz, von den Fragen und Bedürfnissen der Kinder auszugehen. Schon im Vorfeld Fragen und Interessen der Kinder zu sammeln und sie den Eltern bei einem Elternabend vorzustellen (natürlich anonym), kann für viele Eltern ein Augenöffner sein.

Außerdem sollten Sie am Elternabend das Vokabular absprechen und vorstellen, das im Unterricht benutzt werden soll.

Trotz Transparenz und Offenheit gegenüber den Eltern kann es sein, dass einige Erziehungsberechtigte nicht möchten, dass ihre Kinder an der Sexualerziehung teilnehmen. Einige **skeptische Eltern** lassen sich vielleicht mit dem Argument überzeugen, dass die Kinder in ihrer Umwelt (z. B. über Werbeplakate oder Mitschüler*innen) unweigerlich mit dem Thema in Kontakt kommen. Wenn die Kinder mit allen wichtigen Informationen ausgestattet sind, werden sie darauf souveräner reagieren können. Auch das Thema „Sexualerziehung als aktive Missbrauchsprävention" ist an dieser Stelle wichtig. Sexualerziehung ermöglicht den Kindern, Handlungen einordnen zu können, und sie lernen, für sich selbst und ihren Körper einzustehen.

Sexualerziehung und Prävention

Eine Sexualerziehung, die Kinder in ihrer Persönlichkeit stärkt und eine positive Einstellung zum eigenen Körper und zur Sexualität fördert, hat in jedem Fall eine präventive Funktion.

Sexualerziehung beinhaltet somit auch Themen wie **Konsensualität und Selbstbestimmtheit** von Sexualität. Es bietet sich in jedem Fall an, die Präventionsarbeit zusätzlich zu den hier angebotenen Materialien noch weiter zu vertiefen. Hierzu bieten zahlreiche Organisationen auch Workshops an.

Sollte sich bei Ihnen während des Unterrichts der Verdacht erhärten, dass es in Ihrer Klasse einen Fall von Missbrauch gibt, dann ziehen Sie dringend die zuständigen Fachleute hinzu.

Wie organisiere ich den Unterricht?

Die hier enthaltenen Materialien eignen sich allesamt für den koedukativen Unterricht. So sollten grundsätzlich alle Kinder etwas über Themen wie Menstruation oder Samenerguss lernen, da alle hier von einem umfassenden Wissensstand profitieren können – unabhängig davon, ob sie (zukünftig) unmittelbar eigene Erfahrungen damit sammeln oder nicht.

Es kann allerdings sein, dass es für manche Kinder schwierig ist, bestimmte Themen vor der ganzen Klasse zu besprechen. Solche Themen sollten dann in Vertrauensgruppen besprochen werden, in denen die Kinder sich sicher fühlen. Wie diese Kleingruppen sich zusammensetzen, können Sie in Absprache mit den Schüler*innen festlegen.

Auch die angegebenen **Sozialformen** sind variabel. Folgende Symbole kennzeichnen die Sozialformen:

 arbeite allein

 arbeitet zu zweit

 arbeitet in einer Kleingruppe

 arbeitet in der Großgruppe/ Klasse

Eine wichtige Methode in der Sexualerziehung ist das **Gespräch**. Im Aufeinander-Eingehen und Einander-Zuhören können die Kinder die vielleicht wichtigsten Erfahrungen und Erkenntnisse gewinnen. Viele Angebote gehen daher von einer offenen Kommunikationskultur in der Klasse aus. Häufig findet ein Austausch mit einem Partnerkind oder in der Großgruppe statt. Wenn Sie die Situation in Ihrer Klasse so einschätzen, dass offene Gespräche über Sexualität problematisch sind,

z. B. weil einige Kinder sich dann gar nicht äußern, können Sie **folgende Möglichkeiten des Austauschs** erwägen:

- Die Kinder haben die Möglichkeit, ihre Antworten anonym in einen Briefkasten einzuwerfen.
- Sie sammeln die Arbeitsblätter ein und lesen die Diskussionspunkte ohne Namensnennung vor.
- Die Kinder legen alle ihre Blätter in die Mitte und jedes Kind liest die Antwort eines anderen vor.
- Die Kinder legen ihre Blätter auf den Tischen aus und Sie geben ihnen einige Zeit, um von Tisch zu Tisch zu gehen und die Antworten der anderen zu lesen.

Die einzelnen Bereiche dieser **Materialien** brauchen Sie **nicht nacheinander oder vollständig einzusetzen**. Es ist empfehlenswert, mit dem Kapitel „Ins Thema einsteigen" zu beginnen. Wenn sich allerdings aus dem alltäglichen Unterrichtsgeschehen Fragen der Kinder ergeben, können Sie auch direkt ein thematisches Arbeitsblatt nutzen. Die einzelnen **Bereiche sind wie Module einsetzbar**. Das heißt, Sie können sie flexibel handhaben und z. B. auch mit dem Thema „Schwangerschaft" beginnen, wenn der Ausgangspunkt die Lebensgeschichte der Kinder ist oder wenn gerade ein Geschwisterkind erwartet wird. Wenn Verliebtsein momentan ein Thema in der Klasse ist, können Sie auch mit dem Bereich „Liebe und Sex" beginnen. Sie müssen auch nicht alle Materialien eines Kapitels behandeln, einige können Sie je nach Interesse oder Informationsbedarf der Kinder aufgreifen.

Damit die Kinder ihren persönlichen Informationsbedarf decken können, stellen Sie ebenfalls **Kinderbücher** zum Thema „Sexualerziehung" bereit. Achten Sie dabei auf eine Mischung von Bilderbüchern, Sachbüchern unterschiedlichen Niveaus oder auch Romanen, z. B. zum Verliebtsein. Wenn möglich, sollten diese Bücher ständiger Bestandteil der Klassen-Leseecke sein.

Mögliche weitere Ideen zum Unterricht

Ergänzend oder einleitend zu den Materialien, können Sie den Kindern weitere Unterrichtsangebote machen. Hierzu finden Sie Vorschläge vor den einzelnen Kapiteln.

Annette Weber

Ins Thema einsteigen

Um einen interessanten, emotionalen, aber auch sachlich fundierten Unterricht durchführen zu können, müssen Sie zunächst eine **Atmosphäre schaffen, die von Vertrauen und Rücksichtnahme geprägt ist**. Nur so werden sich alle Schüler trauen, ihre Fragen und Meinungen, ihr Wissen und ihr Unwissen zu äußern.

Daher ist es wichtig, mit der Klasse Regeln zu erarbeiten, die eine vertrauensvolle Umgebung schaffen und ein offenes Gespräch ermöglichen.

Oberstes Gebot sollte dabei sein, dass niemand ausgelacht wird, dass niemand eine andere Person beleidigt oder beschimpft, dass **alle Fragen Berechtigung haben** und sich niemand schämen muss, wenn er etwas noch nicht weiß oder etwas falsch verstanden hat.

Die Fragebogen zu **Vorerfahrungen** und vorhandenen Kenntnissen sowie zur sozialen Situation der Klasse sollen diese Offenheit unterstützen. Sie bieten Gelegenheit, Regeln zu erarbeiten, die einen vertrauensvollen Umgang miteinander ermöglichen. Die Regeln sollten für alle sichtbar im Klassenraum aufgehängt werden. Vertrauen, aber auch Misstrauen sollte offen ansprechbar sein. Kinder, die durch Zwischenrufe oder unangemessene Bemerkungen auffallen, integrieren sich oft besser, wenn sie wissen, dass die anderen Kinder sich durch ihr Verhalten gestört fühlen.

Wichtig ist auch, schon vorab **klare Vereinbarungen** für die Schüler*innen zu treffen, die immer wieder lachen oder andere mit lauten Kommentaren bloßstellen. Hier muss man als Lehrkraft wirklich konsequent durchgreifen, um den anderen eine geschützte Atmosphäre zu bieten.

Abb.: Rebecca Meyer

Weitere Ideen

- Steigen Sie über ein **Ich-Buch** ein, in dem die Kinder festhalten, wer ihre Familie und Freund*innen sind, was sie mögen und was nicht, woher sie kommen und welche Wünsche sie haben.
- Die Kinder zeichnen mit einem Partnerkind i hren **Körperumriss** auf einem großen Stück Papier nach und gestalten ihn mit Farben.
- Jeden Morgen stellt sich ein Kind unter die **„Gefühle-Dusche“** in der Kreismitte und bekommt von den anderen etwas Nettes und Ermutigendes gesagt.
- Schreiben Sie **Gefühle** auf kleine Kärtchen und lassen Sie die Kinder sie **pantomimisch darstellen**. Die anderen raten.
- Sie können auch über das Thema **„Berufe“** einsteigen. Lassen Sie die Kinder ihre Berufswünsche formulieren und sprechen Sie über die Zukunftsvorstellungen der Kinder.
- Als Einstieg in die Thematik „Partnerschaft/ Verliebtsein“ können die Kinder z. B. eine Fotocollage erstellen. Hier eignen sich Bilder unterschiedlicher Paare und Familien, die von den Kindern selbst zusammengestellt und dem Rest der Klasse vorgestellt werden.
- Für das Angebot „Deine Meinung ist gefragt!“ (S. 12), sollten Sie auf einem Plakat eine große Tabelle mit den Fragen und den unterschiedlichen Ankreuzmöglichkeiten vorbereiten. Hängen Sie diese an einem für die Kinder gut zugänglichen Ort auf, aber nicht direkt in der Klasse (z. B. im Flur oder in einem Nebenraum). Geben Sie jedem Kind vier Klebepunkte. Zu jeder Frage klebt es anonym einen Klebepunkt in ein Feld, je nachdem, wie es sein Wissen einschätzt. Die Auswertung können sie gemeinsam mit der Klasse vornehmen.

Zeitreise in die Vergangenheit

Ins Thema einsteigen

(1/2)

Bitten Sie die Kinder vorab, Zeichenblatt und Buntstifte bereitzulegen. Laden Sie die Kinder nun zu einer Fantasiereise ein und lesen Sie den Text langsam vor.
Machen Sie eine kurze Pause nach jedem Satz. Es ist auch möglich, die Fantasiereise durch Entspannungsmusik zu begleiten.

Im Anschluss malen die Kinder die verschiedenen Stationen ihres Lebens auf eine Zeitleiste – insbesondere die Erlebnisse, an die sie sich gern erinnern.
Die Stationen des Lebens können dann im Kreisgespräch vorgestellt werden.

Nimm dir ein paar Minuten Zeit für dich. Ich möchte dich heute zu einer Fantasiereise einladen. Dazu musst du ganz leise sein und mir genau zuhören. Du wirst sehen, dass du allein mit deiner Fantasie eine Reise machen kannst, ohne in ein Flugzeug oder ein Auto steigen zu müssen.

Setze dich so bequem wie möglich auf deinen Platz, stelle die Füße nebeneinander auf den Boden. Atme ruhig und gleichmäßig. Lasse deinen Atem durch deinen ganzen Körper fließen. Die Hände und Arme sind ganz entspannt und auch deinen Beinen tut die Ruhe gut.
Schließe deine Augen. Versuche, dich auf die Reise zu konzentrieren, und vergiss alle anderen Gedanken.
Du bist gespannt, wohin die Reise gehen wird …

Nun beginnt die Reise. Stelle dir vor, du bist auf einen hohen Baum geklettert. Du sitzt auf einem großen, dicken Ast, der viele schöne grüne Blätter trägt, und du schließt die Augen, um die warmen Sonnenstrahlen zu genießen. Du stellst dir vor, wie du jetzt gerade aussiehst, dein Gesicht, deine Kleidung, deine Körperhaltung, und du spürst die warme Sonne.

Der Wind bläst dir angenehm um die Nase und du gehst weiter in deine Vergangenheit zurück. Du erinnerst dich, wie du im letzten Jahr schon hier auf dem Baum gesessen und einen saftigen Apfel gegessen hast.
Gibt es noch ein anderes schönes Ereignis aus dem letzten Jahr, das dir einfällt? Was hast du Schönes gemacht? Wie sahst du aus?

Du kletterst einen Ast tiefer, weil man von hier den Regenbogen am Horizont besser sehen kann. In all seinen schönen Farben. So viele schöne Farben und so bunt. Du überlegst und gehst Schuljahr für Schuljahr zurück und denkst an schöne Erlebnisse, die die Farben im Regenbogen widerspiegeln. Dann siehst du auf der Wiese ein kleines, niedliches Häschen mit seiner Mutter. Sie hoppeln über die Wiese und spielen Fangen.
Um sie besser zu beobachten, setzt du dich noch einen Ast tiefer und du denkst

Zeitreisen in die Vergangenheit

Ins Thema einsteigen

(2/2)

an deine Zeit im Kindergarten. Wie sahst du als kleineres Kind aus? An was für Spiele erinnerst du dich?

Ein kleiner Vogel setzt sich neben dich auf den Ast und zwitschert dir ein schönes Lied vor. Das lässt dich an die Zeit denken, in der du noch ein Baby warst. Was weißt du aus dieser Zeit? Wer hat dir etwas darüber erzählt? Habt ihr in deiner Familie schon einmal über deine Geburt gesprochen? Horche in dich hinein und wenn du bei deiner Geburt angekommen bist, hebe langsam einen Arm.

Die Reise und die mitgebrachten Eindrücke haben dich müde gemacht. Du suchst dir ein bequemes, lauschiges Plätzchen in einer Astgabel und schläfst ein. Wenn du wieder aufwachst, sitzt du entspannt und ausgeruht auf deinem Platz hier im Klassenraum.

Recke und strecke deine Arme und Beine. Öffne nun langsam die Augen. Du gewöhnst dich wieder an das Licht und findest dich im Raum zurecht.

Abb.: Eva Spanjardt

Das bin ich

Ins Thema einsteigen

Du brauchst:

- farbige Tonpapier-Bogen
- Zeitschriften
- Klebstoff und Schere
- bunte Stifte oder Wasserfarben
- kleine Dinge, die für dich typisch oder besonders sind (zum Beispiel ein Foto oder ein Papier von deiner Lieblings-schokolade)

So geht's:

1. Schreibe deinen Namen ganz groß quer über einen Bogen Tonpapier.
2. Gestalte ihn nach deinen Vorstellungen. Du kannst zum Beispiel
   - *die Buchstaben anmalen,*
   - *sie mit Zeitschriften-Ausschnitten auskleben,*
   - *Dinge um deinen Namen malen oder kleben, die dir wichtig sind,*
   - *Bilder von Menschen aufmalen oder aufkleben, die du magst,*
   - *deine Freundinnen und Freunde etwas malen oder schreiben lassen.*
3. Stelle anschließend dein Plakat im Stuhlkreis vor.

Sexualkunde, was ist das?

Ins Thema einsteigen

Arbeitet zu zweit. Überlegt euch gemeinsam, was man im Sexualkundeunterricht lernt.
Was möchtet ihr wissen?

....

....

....

....

....

....

....

Schreibt eure wichtigsten Gedanken und Fragen auf kleine Zettel und sammelt eure Notizen in einer Ideenkiste.

Abb.: Bettina Weyland

Setzt euch alle gemeinsam zusammen und sprecht über die Notizen in der Ideenkiste. Wählt dazu ein Kind aus, das die Gedanken und Fragen aus der Ideenkiste vorträgt.

Überlegt, welche Themen in eurem Unterricht auf keinen Fall fehlen dürfen. Anschließend schreibt jedes Kind die Themen, auf die ihr euch geeinigt habt, auf sein Blatt.

....

....

....

....

....

....

Deine Meinung ist gefragt!

Ins Thema einsteigen

Im Sexualkundeunterricht wirst du einiges über den Körper erfahren, zum Beispiel über die Geschlechtsorgane. Aber auch über Sex, Liebe, Beziehungen, über Schwangerschaft und Geburt wirst du einiges lernen.

Wie findest du es, über diese Themen zu sprechen?

Nicht so gut, weil ....

....

Gut, weil ....

....

....

Schätze dein Wissen ehrlich ein. Kreuze an.

Abb.: Bettina Weyland

Was weißt du über die Pubertät?

☐ gar nichts ☐ eher wenig ☐ mittel ☐ ziemlich viel ☐ sehr viel

Was weißt du schon über Geschlechtsorgane, also zum Beispiel den Penis oder die Vulva?

☐ gar nichts ☐ eher wenig ☐ mittel ☐ ziemlich viel ☐ sehr viel

Was weißt du über Sex?

☐ gar nichts ☐ eher wenig ☐ mittel ☐ ziemlich viel ☐ sehr viel

Was weißt du über Schwangerschaft und Geburt?

☐ gar nichts ☐ eher wenig ☐ mittel ☐ ziemlich viel ☐ sehr viel

Übertrage deine Antworten mit Klebepunkten in die große Klassentabelle.
Vergleicht dann alle gemeinsam eure Einschätzungen auf der großen Tabelle.

Klassenregeln

Ins Thema einsteigen

Als wir Sexualkunde-unterricht hatten, hat Svenja die ganze Zeit gelacht. Das fand ich nicht gut.

Paul hat sich die ganze Zeit über die Bilder von nackten Menschen lustig gemacht. Das fand ich richtig nervig.

In unserem Sexualkunde-unterricht hat sich niemand getraut, etwas zu sagen. Das war irgendwie peinlich.

Abb.: Eva Spanjardt

Sprecht in der Klasse gemeinsam über die Aussagen.

Welche Probleme könnten im Sexualkundeunterricht entstehen?

Was könnt ihr tun, damit ein offenes Gespräch im Unterricht möglich ist?

Welche Regeln wünschst du dir?
Schreibe deine Regelvorschläge auf.

....

....

....

....

Tragt alle Vorschläge zusammen. Einigt euch, welche Regeln für euren Unterricht gelten sollen.
Notiert dann die vereinbarten Regeln auf einem Plakat.

Vertrauen in der Klasse

Ins Thema einsteigen

Wenn man über schwierige Themen in der Klasse redet, ist es wichtig, nicht ausgelacht zu werden.

Beantworte diese Fragen zum Vertrauen.

Wie viel Vertrauen hast du zu deinen Mitschülerinnen und Mitschülern?

....

Mit wem kannst du besonders gut über alles reden? Wem vertraust du ganz besonders?

....

Wie sollte sich jemand verhalten, damit du ihm voll vertrauen kannst?

....

Wie leicht fällt es dir, mit deinem Lehrer oder deiner Lehrerin zu sprechen?

....

Suche dir nun ein anderes Kind, mit dem du dich gut verstehst. Sprecht gemeinsam über die Vertrauensfragen.

Abb.: Bettina Weyland

Über Sexualität zu sprechen, kann spannend sein. Allerdings ist es kein Thema, um sich darüber lustig zu machen. Daher überlegt euch, wie ihr euch verhalten solltet, damit sich alle wohlfühlen und frei sprechen können. Denn niemand darf im Unterricht ausgelacht werden.

Vereinbart gemeinsam, was geschehen soll, wenn jemand sich nicht an die Regeln hält.

Was sind Geschlechtsorgane?

Ins Thema einsteigen

Alle Körper sind verschieden. So haben Menschen auch unterschiedliche Geschlechtsorgane. Das sind die Körperteile, die mit der Fortplanzung zu tun haben. Man braucht sie unter anderem, wenn man ein Baby bekommen will.

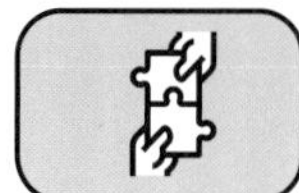

Schaut euch die Bilder an. Was sind Geschlechtsorgane? Was nicht? Wo seid ihr unsicher?

Legt auf einem DIN-A4-Blatt eine Tabelle an.
So könnte sie aussehen:

Geschlechtsorgane	keine Geschlechtsorgane	weiß nicht

Schneidet die Bilder aus, ordnet sie in die Tabelle ein und klebt sie fest.

Vergleicht und diskutiert in der Klasse eure Ergebnisse.

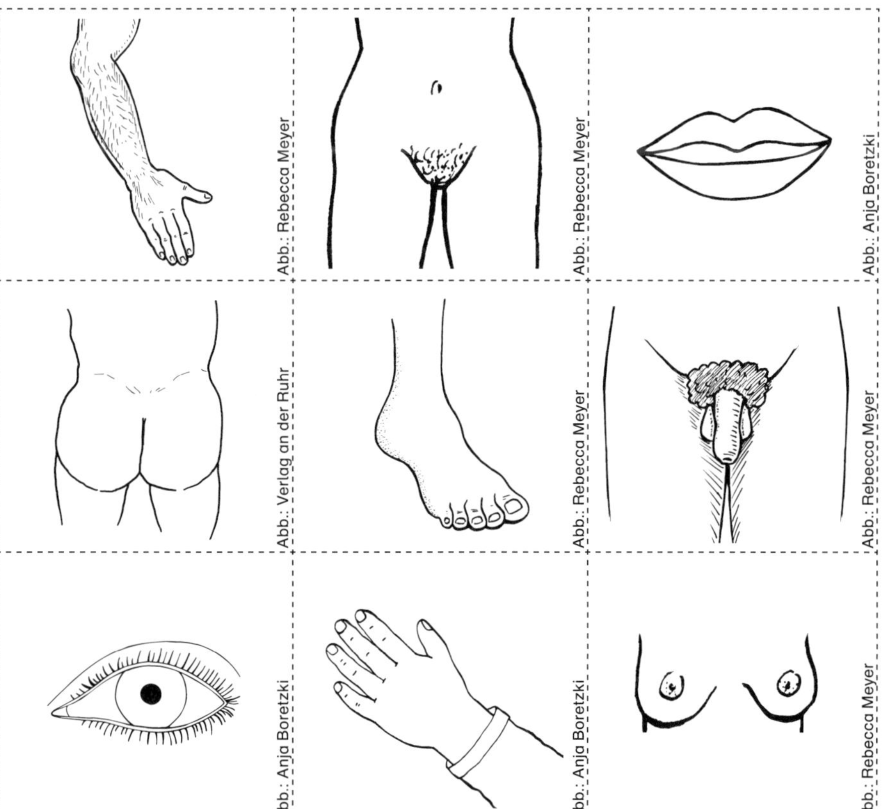

Das biologische Geschlecht

Ins Thema einsteigen

Es gibt weibliche und männliche Geschlechtsorgane. Schaue dir die Bezeichnungen in den Kästen an.
Welche Geschlechtsorgane sind männlich, welche weiblich? Verbinde.

Vorhaut

Gebärmutter

Samenleiter

Scheide

Penis

Hoden

Eierstöcke

Körper und Pubertät

Viele Kinder sind bereits im Grundschulalter mit Pubertätsveränderungen konfrontiert – sei es bei sich selbst, Freund*innen oder älteren Geschwistern. Doch auch, wenn die Kinder selbst noch keine Berührungspunkte mit körperlichen Veränderungen hatten, ist es wichtig, darüber informiert zu sein. So gewinnen die Kinder Sicherheit in Bezug auf körperliche Veränderungen.

Zusätzliche Ideen:

- Lassen Sie die Kinder **Fotos** oder Bilder aus Zeitschriften mitbringen und eine **Collage** erstellen, z. B. zum Thema „Wie möchte ich mal sein?“ oder „Wirklichkeit und Schein“.
- Die Kinder erstellen einen **Steckbrief ihrer Lieblingsheld*innen** aus Büchern, Filmen oder Serien. Wichtig ist hier auch die Begründung für die Wahl.
- Anschließend könnten Sie mit den Kindern auch über **Mediendarstellungen** von verschiedenen Personen reden, z. B. in Werbung oder Castingshows.
- Führen Sie **„Beratungsgespräche“** als Rollenspiele durch. Themen:
  - Was ist mit meinem Körper los?
  - Wie verhalte ich mich bei einem Streit?
  - Wie sage ich es meinen Eltern, dass ich einen BH möchte?
  - Mit wem rede ich über das Thema „Periode“?
  - Wie und wo kann man Kondome kaufen?
- Richten Sie einen **themenbezogenen Tisch** zur Sexualerziehung ein. Mögliche Objekte für den Tisch:
  - eigene Aufklärungsbücher von Kindern
  - Schulmodelle, die die Organe des Körpers darstellen (manche Schulen besitzen diese Modelle für den Sexualerziehungsunterricht)

Abb.: Bettina Weyland

Der weibliche Körper

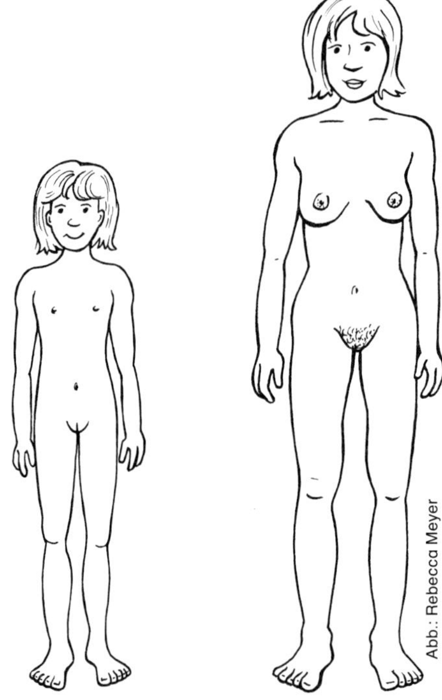

Abb.: Rebecca Meyer

 **Schaue dir die beiden Bilder genau an.**
Welche körperlichen Unterschiede zwischen dem Kind und dem erwachsenen Menschen erkennst du?

Was meinst du: Warum verändert sich der Körper in der Pubertät?

Vergleicht eure Ergebnisse.
Ergänzt dann jeweils noch fehlende Veränderungen.

Die weiblichen Geschlechtsorgane

Körper und Pubertät

(1/3)

Infotext

Als Geschlechtsorgane bezeichnet man alle Organe, die bei der Fortpflanzung, also beim Kinderkriegen, eine Rolle spielen. Man unterscheidet dabei zwischen den inneren Geschlechtsorganen, die innerhalb des Körpers liegen, und den äußeren Geschlechtsorganen, die man sehen kann.

Die äußeren weiblichen Geschlechtsorgane werden als Vulva bezeichnet. Jedoch meinen viele Menschen, sie heißen Scheide oder Vagina, aber das ist nicht ganz richtig. Die Scheide ist nämlich nur ein Teil davon.

Äußerlich sieht man zunächst die Geschlechtslippen. Dies sind die zwei großen und die zwei kleinen Hautfalten zwischen den Beinen. Sie sind von Mensch zu Mensch unterschiedlich groß und lang. Denn genauso unterschiedlich wie Nase und Ohren sehen auch die Geschlechtsorgane aus. Zwischen den Geschlechtslippen befinden sich zwei Öffnungen. Die obere Öffnung ist die Harnöffnung. Sie dient zum Pipimachen, daher gehört sie nicht zu den Geschlechtsorganen. Von dort führt eine kleine Röhre, die Harnröhre, zur Blase hinauf. Hier sammelt sich das Pipi (man nennt es auch Urin) und fließt dann durch die Harnröhre nach draußen.

Die untere Öffnung nennt man Scheideneingang. Die Scheide ist ein kleiner Kanal, der zur Gebärmutter führt. Die Gebärmutter ist das Organ, in dem ein Baby wachsen kann.

Vor den beiden Öffnungen liegt noch ein kleiner Hügel, den man Klitoris nennt. Die Klitoris ist eine der empfindsamsten Stellen am Körper.

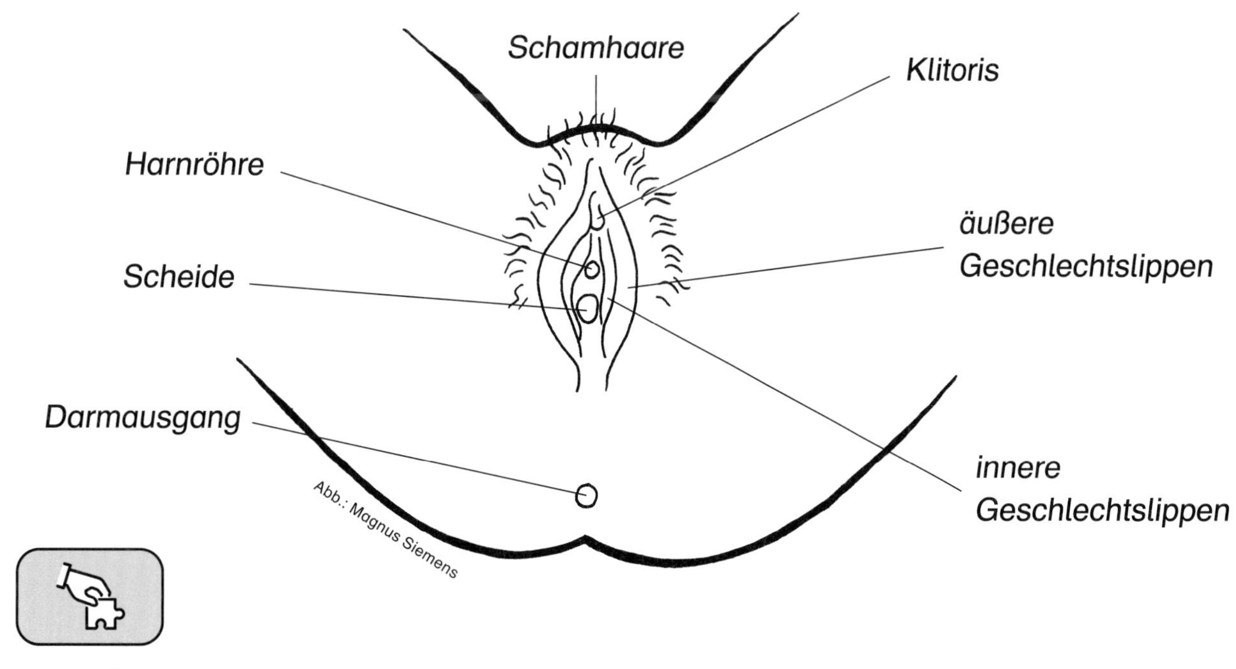

Unterstreiche alle Begriffe der weiblichen Geschlechtsorgane im Text mit einem grünen Stift.

Die weiblichen Geschlechtsorgane

Für die weiblichen Geschlechtsorgane gibt es viele verschiedene Ausdrücke: schöne, medizinische, versaute oder lustige.

Schreibe alle Wörter, die dir einfallen, auf ein Blatt Papier.

Sammelt gemeinsam alle Ausdrücke an der Tafel.
Besprecht gemeinsam in der Klasse, warum es wichtig ist, die richtige Bezeichnung der Körperteile zu verwenden.

Schaue dir die Zeichnung an. Sicher kannst du sie jetzt beschriften.

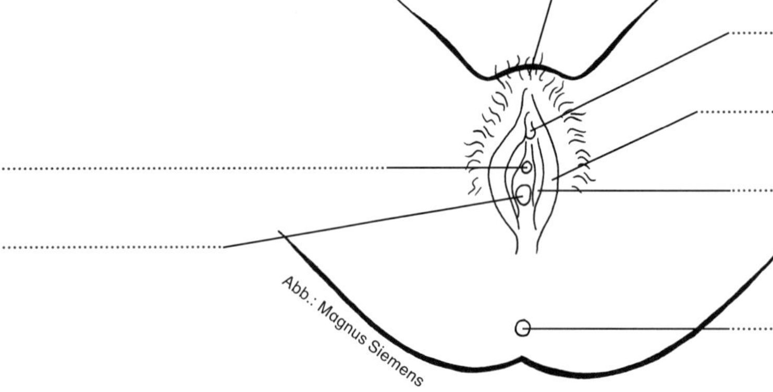

Abb.: Magnus Siemens

Schreibe auf, was du in dem Text über die weiblichen Geschlechtsorgane gelernt hast:

Vom weiblichen Geschlechtsorgan sieht man zuerst die großen und kleinen .... Zwischen den Geschlechtslippen befinden sich zwei .... Von der oberen Öffnung führt die .... zur Blase. Die untere Öffnung nennt man Scheideneingang. Die Scheide ist ein kleiner .... Von hier aus gelangt man zur .... Darin kann ein Baby .... Den kleinen Hügel vor den beiden Öffnungen nennt man ....

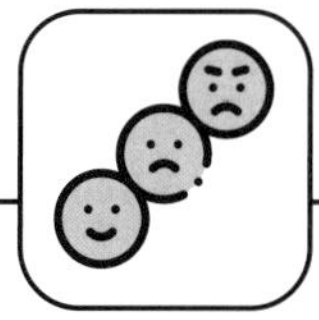

Die weiblichen Geschlechtsorgane

Infotext

Die weiblichen Geschlechtsorgane spielen eine wichtige Rolle bei der Fortpflanzung, also beim Kinderkriegen. Sie haben zwei Aufgaben: Erstens reifen hier Eizellen. Zweitens kann aus einer befruchteten Eizelle ein Kind wachsen.

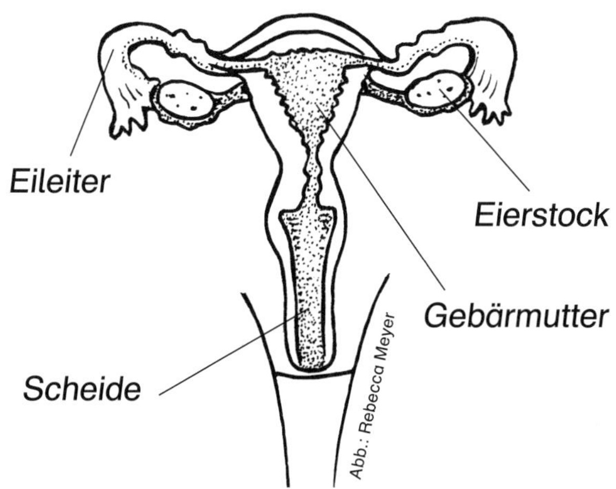

Die Abbildung zeigt die inneren weiblichen Geschlechtsorgane: Scheide, Gebärmutter, Eierstöcke und Eileiter. Die Scheide ist ein Kanal und besteht aus Muskeln. Er führt in die Gebärmutter. Die Gebärmutter einer erwachsenen Person ist ungefähr so groß wie eine Birne. In diesem Organ wächst das Baby während der Schwangerschaft heran. Die Gebärmutter dehnt sich dann aus. Von ihr führen rechts und links zwei Verbindungskanäle zu den Eierstöcken. Diese Kanäle heißen Eileiter. Die Eierstöcke rechts und links sind etwa so groß wie eine Walnuss. In ihnen reifen die Eizellen heran. Wenn eine Eizelle reif ist, wird sie durch die Eileiter in die Gebärmutter weitertransportiert. Das geschieht etwa einmal im Monat.

Setze dich mit einem Partnerkind zusammen. Überlegt gemeinsam, welche Organe rechts dargestellt werden, und beschriftet die Zeichnung.

Malt alle Begriffe grün an, die zu den weiblichen Geschlechtsorganen gehören.
2 Begriffe zählen eigentlich nicht zu den Geschlechtsorganen. Malt sie gelb an.

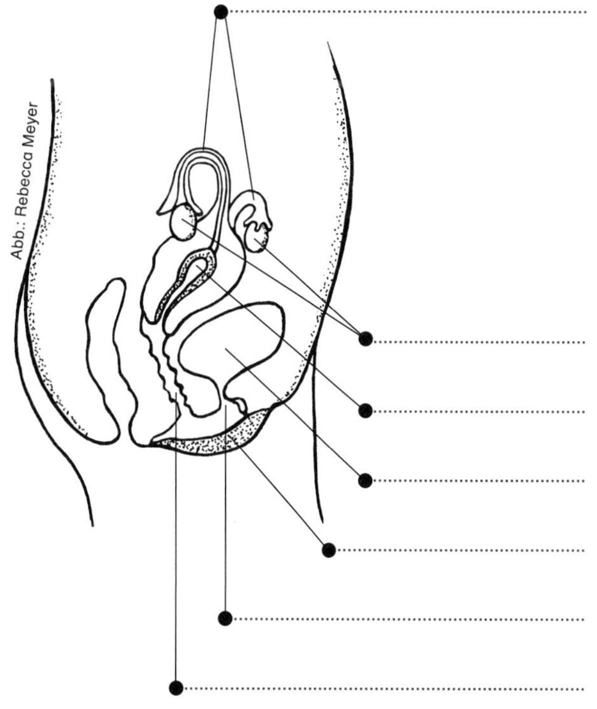

Der männliche Körper

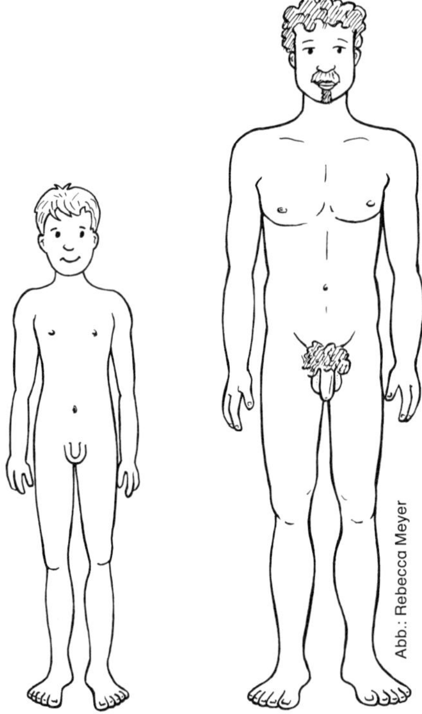

 **Schaue dir die beiden Bilder genau an.**

Welche körperlichen Unterschiede zwischen dem Kind und dem Erwachsenen erkennst du?

....

....

Während der Körper sich verändert, verändern sich auch die Gefühle und Meinungen. Kannst du einige Veränderungen nennen?

....

....

....

 **Vergleicht eure Ergebnisse miteinander.**
Ergänzt die noch fehlenden Beobachtungen auf eurem Arbeitsblatt.

Die männlichen Geschlechtsorgane

Körper und Pubertät

(1/2)

Infotext

Als Geschlechtsorgane bezeichnet man alle Organe, die bei der Fortpflanzung, also beim Kinderkriegen, eine Rolle spielen. Man unterscheidet dabei zwischen den inneren Geschlechtsorganen, die innerhalb des Körpers liegen, und den äußeren Geschlechtsorganen, die man sehen kann. Die äußeren männlichen Geschlechtsorgane sind Penis und Hodensack.
Der Penis ist eine der empfindsamsten Stellen des Körpers. Etwa 4 000 Nerven treffen hier zusammen. Mit dem Penis kann man Sex haben und Kinder zeugen, der dient aber auch zum Pipimachen (Urin ausscheiden).

Den Teil des Penis, der mit dem Körper verbunden ist, nennt man Peniswurzel. Der lange, gerade Teil heißt Penisschaft. Die Spitze des Penis heißt Eichel. An der Spitze der Eichel liegt die Harnöffnung. Sie dient zum Pipimachen und ist der Ausgang für Samenflüssigkeit. Die Eichel ist durch die Vorhaut verdeckt, das ist eine Hautfalte. Bei manchen wurde die Vorhaut auch entfernt. Das nennt man Beschneidung. Hinter dem Penis befindet sich der Hodensack, worin sich rechts und links die Hoden befinden. In ihnen werden die Samen oder Spermien gebildet, die man benötigt, um Kinder zu zeugen. Außerdem erzeugen die Hoden Sexualhormone.

 **Der Penis hat zwei Aufgaben. Schreibe sie an die passende Stelle.**

Eine Aufgabe, die für die Fortpflanzung wichtig ist: ....

Eine Aufgabe, die nichts mit der Fortpflanzung zu tun hat: ....

Schreibe die richtigen Bezeichnungen auf die Linien.

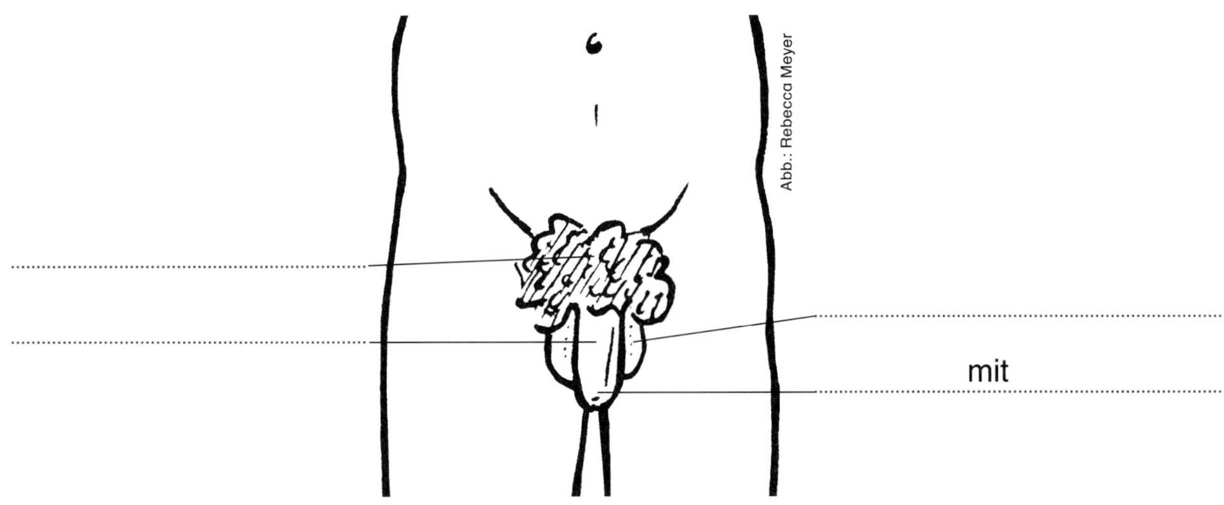

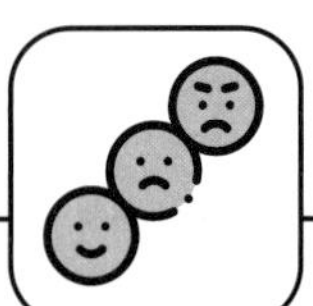

Die männlichen Geschlechtsorgane

Infotext

So sehen die männlichen Geschlechtsorgane von innen aus: Im Penis befinden sich drei Schwellkörper. Sie sorgen dafür, dass sich der Penis aufrichten kann. Außerdem befindet sich dort eine Röhre, die man Harnröhre nennt. Hierdurch werden der Urin und die Samenflüssigkeit transportiert. Der Urin sammelt sich in der Harnblase. Die Samen oder Spermien bilden sich in den Hoden. Von dort führen rechts und links zwei Kanäle, die Samenleiter, bis zur Einmündung in die Harnröhre. Außerdem gehören zu den männlichen Geschlechtsorganen noch verschiedene Drüsen, die für die Samenflüssigkeit wichtig sind.

Hier sind die männlichen Geschlechtsorgane von innen abgebildet. Schreibe die passenden Begriffe aus dem Kasten an die Linien.

Hoden, Samenleiter, Harnblase, Penis mit Schwellkörpern

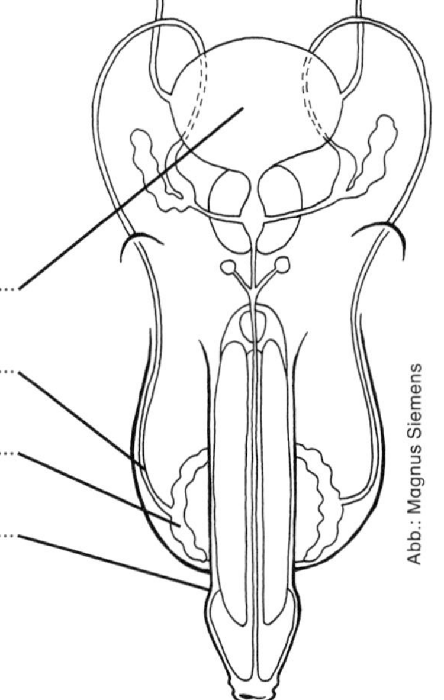

....

....

....

....

Abb.: Magnus Siemens

Vergleicht die Zeichnung mit der Zeichnung von Eierstöcken und Gebärmutter. Findet ihr Ähnlichkeiten?

....

....

....

....

....

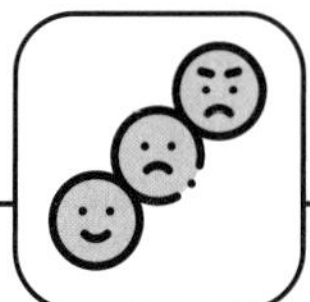

Was ist die Menstruation?

Körper und Pubertät

(1/3)

Infotext

Einige nennen sie „Menstruation“ oder „Periode“ oder sagen „Ich habe meine Tage“ oder „Meine Regel ist da“. Gemeint ist aber immer das Gleiche: Während dieser Zeit kommt einige Tage lang etwas Blut aus der Scheide. Im Durchschnitt liegen 28 Tage zwischen dem ersten Tag der Menstruation und dem Beginn der nächsten Menstruation. Diesen regelmäßigen Ablauf nennt man Zyklus. Er wird von Hormonen, also Botenstoffen im Blut, gesteuert.

Ungefähr alle 4 Wochen reift in den Eierstöcken eine Eizelle heran. Die reife Eizelle verlässt den Eierstock und gelangt in den Eileiter. Dies nennt man Eisprung. Nun wandert die Eizelle innerhalb der nächsten 3 bis 4 Tage in Richtung Gebärmutter. In der Zwischenzeit hat sich die Gebärmutter schon darauf vorbereitet, dass sich vielleicht ein befruchtetes Ei hier einnistet, aus dem ein Kind wachsen könnte. Deshalb ist die Gebärmutterschleimhaut dicker geworden wie ein weiches Bett für das Ei. Wenn die Eizelle nicht befruchtet wurde, dann ist das Bett überflüssig. Die aufgebaute Schicht löst sich wieder auf. Das geschieht ungefähr 2 Wochen nach dem Eisprung. Teile der Gebärmutterschleimhaut werden dann mit etwas Blut durch die Scheide ausgeschieden. Dies nennt man Menstruation.

Unterstreiche die wichtigsten Informationen im Text.

Schaue dir die Bilder an. Suche dann die passende Textstelle zur jeweiligen Abbildung und verbinde sie.

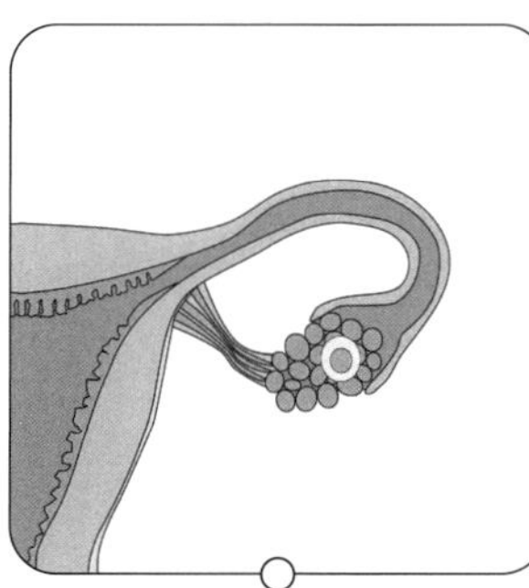
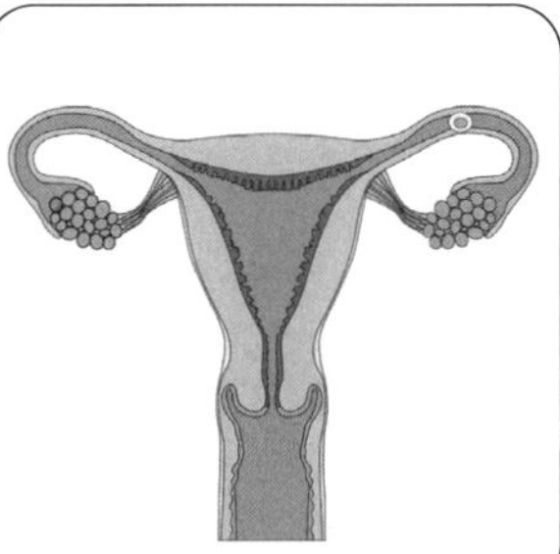
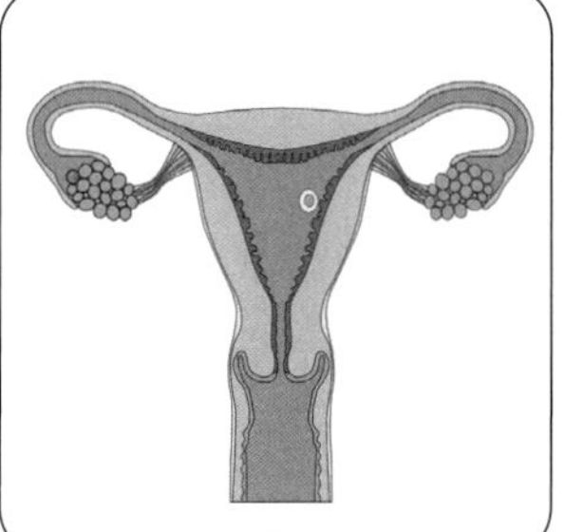
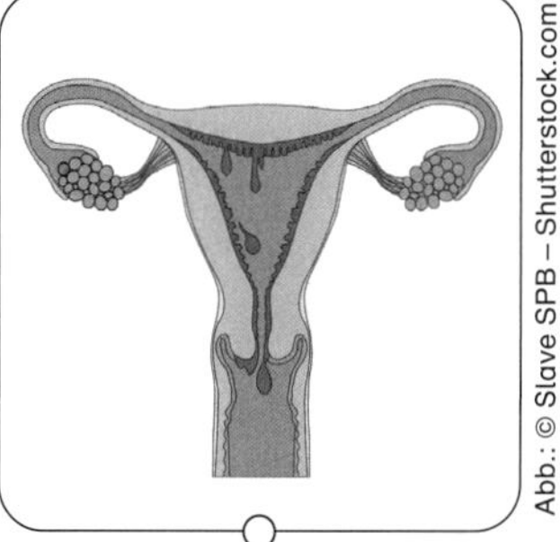

Abb.: © Slave SPB – Shutterstock.com

Wenn das Ei nicht befruchtet ist, wird die Schleimhaut wieder abgestoßen.	Das Ei reift im Eierstock heran.	Das Ei löst sich vom Eierstock. Man nennt das Eisprung.	Das Ei wandert durch den Eileiter zur Gebärmutter. Die Gebärmutterschleimhaut bildet ein Bett für das Ei.

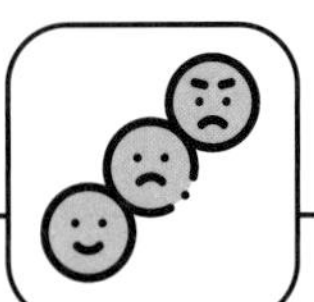

Was ist die Menstruation?

Körper und Pubertät

Infotext

Die erste Menstruation bekommen viele im Alter von 12 bis 13 Jahren. Sie kann aber auch schon einige Jahre früher oder später auftreten. Die Menstruation zeigt auch, dass man theoretisch schwanger werden kann, wenn man Sex hat. Meistens kündigt sich die Menstruation einige Zeit vor dem ersten Auftreten an: durch eine weißliche Flüssigkeit, die man Weißfluss nennt.

Am Anfang ist die Menstruation selten regelmäßig. Der Körper braucht eine gewisse Zeit, bis sich alles eingespielt hat. Wenn sich ein Rhythmus eingependelt hat, kommt die Menstruation ungefähr einmal pro Monat. Diese dauert zwischen 3 und 7 Tagen. Jeder Körper folgt seiner eigenen inneren Uhr. Deshalb ist auch der Verlauf der Menstruation von Mensch zu Mensch sehr unterschiedlich. Dies gilt auch für Probleme während der Menstruation. Viele fühlen sich in dieser Zeit normal. Andere fühlen sich den ganzen Tag schlapp oder haben Kopfschmerzen oder Bauchschmerzen.

Die Menstruationsflüssigkeit besteht aus ganz gewöhnlichem Blut, Scheidenflüssigkeit und der abgelösten Schleimhautschicht. Dabei wird insgesamt ungefähr eine halbe Tasse Blut ausgeschieden. Aufgefangen wird das Blut zum Beispiel mit einer Binde, einer Menstruationstasse oder einem Tampon. Eine Binde wird in die Unterhose geklebt. Eine Menstruationstasse oder ein Tampon werden in der Scheide getragen.

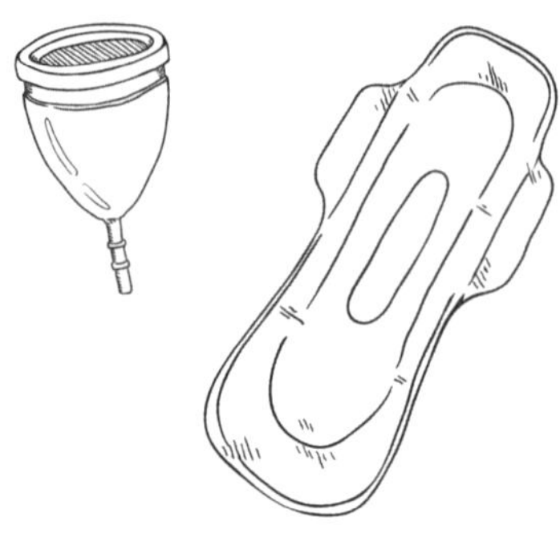

Führt ein Experiment durch.

Ihr braucht:
- Messbecher
- Wasser
- Schüssel
- Binden oder Tampons
- Papier und Stifte

So geht es:
1. Messt mit dem Messbecher 80 ml Wasser ab.
2. Schätzt, wie viel von dem Wasser die Binde oder der Tampon aufnehmen kann. Schreibt eure Schätzung auf.
3. Macht euren Versuch dann über der Schüssel. Gießt vorsichtig Wasser über die Binde oder taucht den Tampon ins Wasser – so lange, bis sie kein Wasser mehr aufnehmen.
4. Notiert, wie viel Wasser die Watte aufgesogen hat. Vergleicht mit anderen Gruppen.

Was ist die Menstruation?

Körper und Pubertät

(3/3)

Warum blutet man bei der Menstruation?

Dauert die Menstruation lange?

Kriegt jeder Mensch die Menstruation?

Abb.: Bettina Weyland

Wann kriege ich meine Menstruation?

Kann ich dann beim Sportunterricht mitmachen?

Wie sage ich es meinen Eltern oder meinen Lehrkräften?

Amy hat viele Fragen. Kannst du sie beantworten?
Du kannst dir die Antworten einfach nur überlegen oder sie dir auf einem Zettel notieren.

Spielt ein Beratungsgespräch mit Amy nach.
Ein Kind übernimmt die Rolle von Amy, ein anderes berät sie. Orientiert euch an den Fragen von Amy. Fallen euch noch weitere Fragen ein?

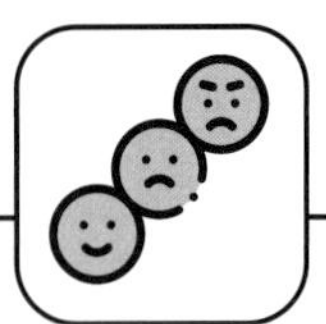

Was ist ein Samenerguss?

Körper und Pubertät

Infotext

Die männliche Pubertät beginnt meistens zwischen 11 und 15 Jahren. Ausgelöst wird sie durch das Gehirn. Dieses sendet dem Körper ein Zeichen, dass er nun Geschlechtshormone produzieren soll. Diese Hormone sind Botenstoffe, die dem Körper und den Geschlechtsorganen mitteilen, dass sie wachsen sollen. Deshalb verändert sich in dieser Zeit der Körper: Die Stimme wird tiefer, Haare wachsen unter den Armen und am Penis und vielleicht auch schon ein Flaum im Gesicht. Außerdem wächst der Penis. Schon bei Kindern kann der Penis ab und zu steif werden. Wenn sie älter werden, fangen die Hoden an, Samen herzustellen. Dieser Samen sammelt sich in den Hoden und wird immer mehr.
Manchmal wird er dann nachts abgegeben und man sieht morgens einen kleinen, nassen Fleck. Und manchmal ist der Penis ganz steif. Manche denken, dass sie in die Hose gemacht haben. Aber sie hatten einen Samenerguss. Das ist ein Zeichen, dass man Kinder zeugen kann.

Was passiert bei einem Samenerguss? Im Penis liegen drei Schwellkörper. Wenn man erregt ist, füllen sich diese Schwellkörper mit Blut und der Penis schwillt an. Das nennt man Erektion.

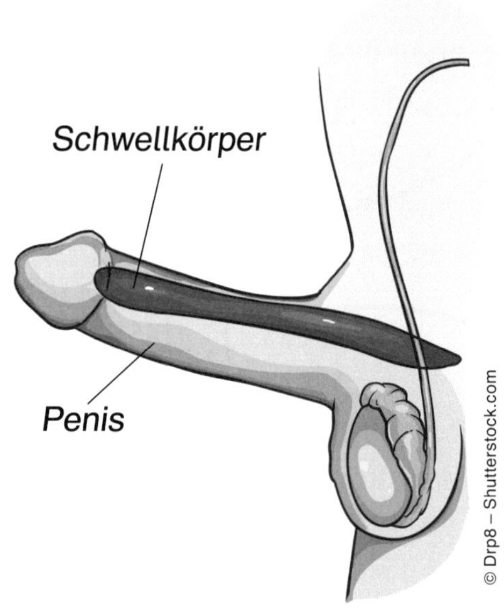

Das passiert zum Beispiel, wenn man an jemanden denkt, den man anziehend findet, oder wenn man von Sex träumt. Wenn man sehr erregt ist, kann es zu einem Orgasmus kommen. Das ist ein tolles Gefühl, das sich durch den ganzen Körper zieht. Meistens passiert der Samenerguss zusammen mit einem Orgasmus.

 **Unterstreiche im Text, was du am wichtigsten findest.**

 **Beantworte folgende Fragen im Heft oder auf einem Blatt Papier:**
Wie verändert sich der männliche Körper in der Pubertät?
Wie kommt es zu einem Samenerguss?

Wasser ist zum Waschen da!

Körper und Pubertät

Infotext

Zum täglichen Waschen gehört auch das Reinigen von deinem Penis oder deiner Vulva.

Beim Penis geht das so:
Unter der Vorhaut befinden sich Drüsen, die weißlichen Schleim herstellen. Auch Urinreste oder Hautschuppen können sich hier ablagern. Die Paste, die sich so bildet, nennt man auch Smegma. Du solltest sie täglich entfernen, da sich sonst Krankheitserreger bilden können.
Darum musst du die Vorhaut vorsichtig nach hinten schieben und deinen Penis auch an dieser Stelle mit einem Waschlappen und warmem Wasser vorsichtig reinigen.

Bei der Vulva geht das so:
Es reicht aus, die Vulva von außen mit Wasser zu waschen. Du brauchst keine besondere Waschlotion. Zur Reinigung nimmst du am besten deine (vorher gewaschenen) Hände oder einen Waschlappen. Den Waschlappen solltest du aber danach sofort in die Wäsche geben. Reinige die Vulva von außen und achte dabei auch auf die Hautfalten der Geschlechtslippen. Hier kann sich, ähnlich wie bei der Vorhaut, Smegma bilden. Von innen musst du die Scheide nicht reinigen, denn das macht sie normalerweise selbst.

 **Worauf muss man beim Waschen achten?**
Male alle richtigen Aussagen an.

- Die Vorhaut wird beim Waschen vorsichtig nach hinten geschoben.
- Man sollte sich ungefähr ein Mal pro Woche waschen.
- Smegma sollte täglich entfernt werden.
- Die Scheide reinigt sich innen selbst.
- Am besten wäscht man sich mit viel Waschlotion.
- Einen Waschlappen kann man mehrere Wochen benutzen.
- Es reicht aus, die Vulva von außen mit Wasser zu waschen.

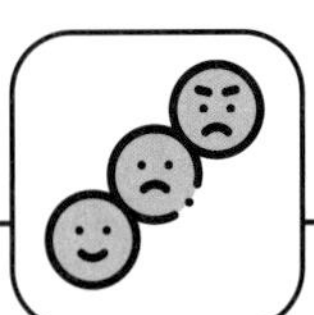

Die Pubertät – eine aufregende Zeit

Körper und Pubertät

Lilly und Artem gehen in die 4a und sind seit vielen Jahren gut befreundet. Sie sprechen über alles miteinander. Auch Lillys große Schwester Liana und Artems großer Bruder Anton kennen sich. Die beiden sind schon 13.

„Meine Schwester ist in letzter Zeit manchmal ganz anders“, erzählt Lilly Artem in der großen Pause. „Meine Eltern meinen, das liegt daran, dass sie in der Pubertät ist.“

Artem runzelt die Stirn. „Das hat Papa über Anton auch schon gesagt. Was ist denn anders bei Liana?“

„Sie redet nicht mehr so viel mit uns wie früher. Manchmal ist sie stundenlang in ihrem Zimmer zum Videochatten und niemand darf währenddessen reinkommen. Und ab und zu wird sie richtig wütend.“

„Das ist bei Anton auch so“, nickt Artem. „Er macht jetzt viele Sachen lieber mit seinen Freundinnen und Freunden als mit uns. Aber dafür interessiert er sich auch für ganz neue Dinge. Zum Beispiel spielt er jetzt Hockey. Das finde ich richtig toll! Hat sich bei Liana nicht auch etwas Positives verändert?“

Lilly überlegt. Dann fällt ihr ein: „Wenn ich sie wirklich brauche, ist Liana immer für mich da. Und sie weiß schon echt viel. Über manche Sachen spreche ich lieber mit ihr als mit unseren Eltern. Neulich hat sie mir erklärt, worauf ich achten muss, wenn ich einen BH kaufen will.“

Artem grinst: „Anton muss sich jetzt schon rasieren. Das sieht bei ihm immer ganz leicht aus. Wenn es bei mir so weit ist, frage ich ihn bestimmt, wie das geht.“

„Die Pubertät ist schon irgendwie aufregend“, kichert Lilly.

Abb.: Bettina Weyland

Unterstreiche alle Veränderungen in der Pubertät, über die Lilly und Artem reden.

Überlegt zu zweit: Welche Veränderungen kommen wohl in der Pubertät auf euch zu? Worauf freut ihr euch?

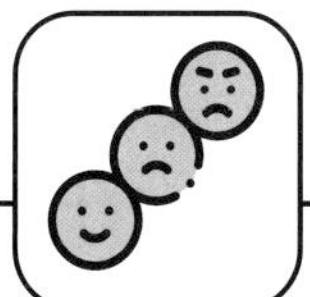

Echt peinlich?

Körper und Pubertät

Abb.: Bettina Weyland

Lies die Sprechblasen. Die Kinder erzählen von Situationen, die ihnen peinlich waren.
Überlege dir, warum den Kindern die Situationen peinlich sind. Schreibe deine Gedanken zu mindestens einer Sprechblase auf.

War dir auch schon einmal etwas peinlich?
Schreibe dein Erlebnis auf.

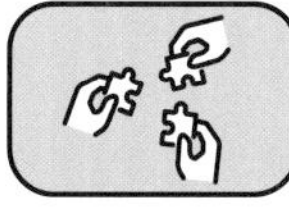

Überlegt gemeinsam: Wie kann man damit umgehen, wenn einem etwas peinlich ist?

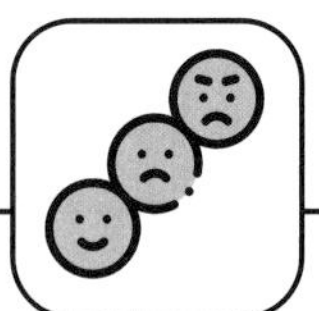

Ich kann alles werden!

Körper und Pubertät

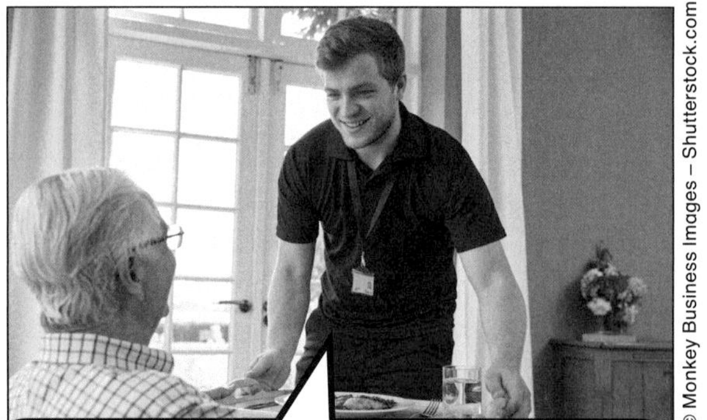

Ich bin Altenpfleger. Ich arbeite in einem Seniorenheim und kümmere mich um die älteren Menschen, die dort wohnen. Am meisten gefällt mir daran, dass ich in meinem Beruf Menschen helfe.

Ich bin Tierarzt. In meiner Praxis kümmere ich mich um die Haustiere von vielen Menschen. Jeden Tag mit unterschiedlichen Tieren zu arbeiten, macht mir viel Spaß.

Ich bin Automechanikerin. Ich repariere und kontrolliere Autos. Ich liebe Autos, seit ich klein bin, deshalb war das schon immer mein Traumberuf.

Ich bin Polizistin. Ich passe darauf auf, ob jemand etwas macht, das verboten ist. Ich mag an meinem Beruf, dass kein Tag wie der andere ist – es passiert immer etwas Neues.

Die vier Personen haben ganz unterschiedliche Berufe.
Welchen davon findest du besonders spannend und warum?
Schreibe in dein Heft oder auf ein Blatt Papier.

Überlege: Als was würdest du später gern arbeiten und warum?

Tauscht euch in einer Kleingruppe über eure Berufswünsche aus.

Liebe und Sex

Bei der Vorbereitung auf dieses Thema sollten Sie sich die **Lebenssituationen der Kinder** vergegenwärtigen. Wie viele Kinder erfahren in ihrem familiären Umfeld eher Unfrieden oder Gleichgültigkeit als liebevolle Zuneigung der Eltern zueinander? Viele bringen durch die Medien oder ältere Geschwisterkinder ein **vordergründig umfassendes Wissen** über alle möglichen Spielarten von Sex mit. Oft haben sie aber keine Vorstellung davon, was beim Geschlechtsverkehr tatsächlich geschieht. Einige wissen „technisch" gut Bescheid, ihnen ist aber überhaupt nicht bewusst, dass Sex auch etwas mit Liebe zu tun haben kann und sollte.

- ✘ Die Kinder schneiden **Fotos** zum Thema „Liebe" aus Zeitschriften aus.
- ✘ Sie schreiben einen **Liebesbrief**, dies kann auch in der Rolle einer fiktiven Person geschehen.
- ✘ Besprechen Sie mit der Klasse, wie die Kinder sich eine liebevolle Beziehung vorstellen.
- ✘ Erstellen Sie gemeinsam eine **Wandzeitung** zum Thema „Was ist Liebe?" und „Was zum Liebhaben dazugehört".
- ✘ Die Kinder bringen **Bücher** zum Thema „Liebe" mit. Eventuell lässt sich auch eine **Klassenlektüre** zum Thema anschließen.
- ✘ Die Schüler*innen suchen nach Liebesgeschichten und lesen eine **Lieblings-Liebesgeschichte** vor.

Abb.: © Nadya_Art – Shutterstock.com

Was heißt Liebe?

Schaue dir die Bilder an. Ergänze dann die Sätze.

Welche verschiedenen Formen von Liebe gibt es?
Diskutiert gemeinsam über eure Ideen.

Liebe ist, wenn ....

....

....

....

....

Liebe ist, wenn ....

....

....

....

....

Abb.: Bettina Weyland

Liebe ist, wenn ....

....

....

....

....

Abb.: Norbert Höveler

Liebe ist, wenn ....

....

....

....

....

Abb.: Rebecca Meyer

Liebe ist, wenn ....

....

....

....

....

Abb.: Eva Spanjardt

Liebe ist, wenn ....

....

....

....

....

Was heißt Liebe?

Wen oder was liebst du? Schreibe oder male auf.
Es können andere Menschen, Hobbys oder etwas ganz anderes sein.

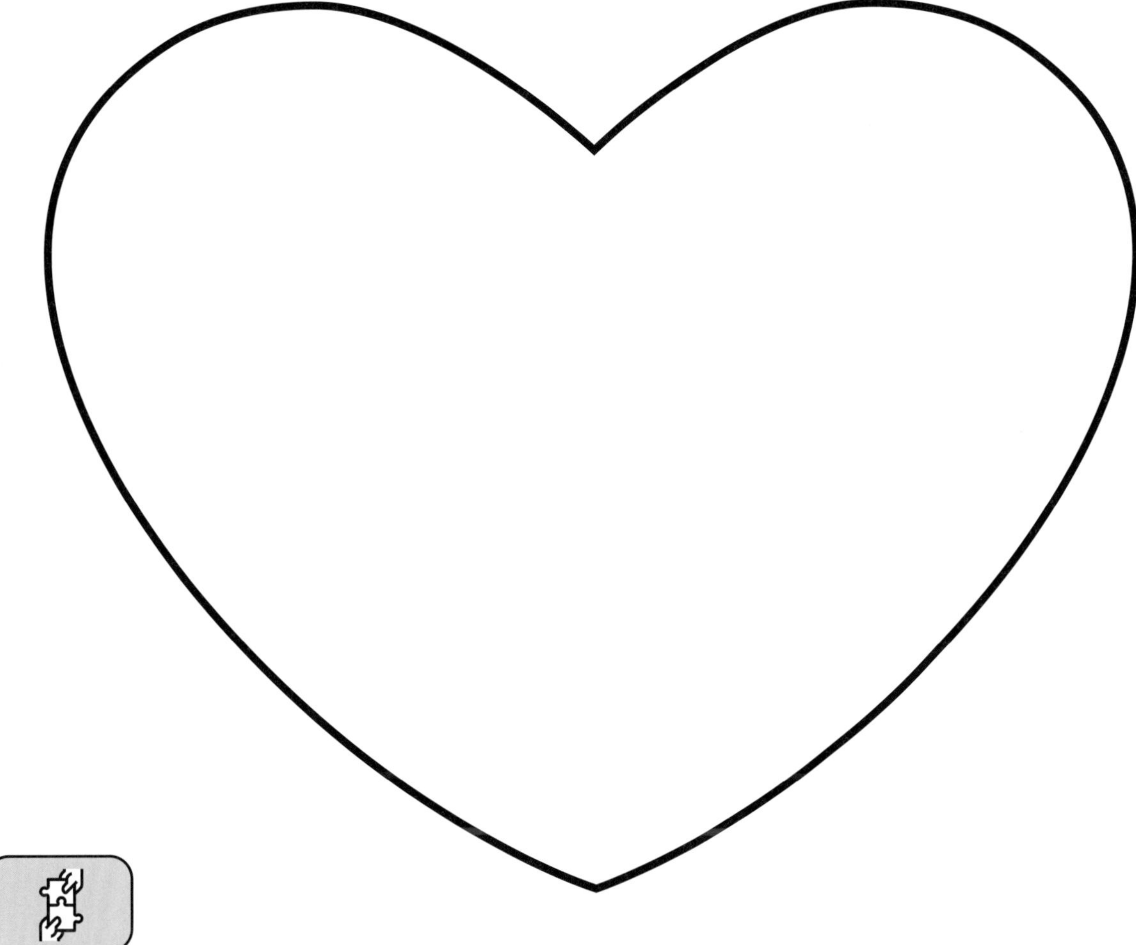

Überlegt zu zweit: Was bedeutet „verliebt sein“?
Schreibt eure Gedanken auf.

....

....

....

....

....

....

....

Was zum Liebhaben dazugehört

 **Lies die Texte. Kreuze anschließend an, ob es sich deiner Meinung nach um Liebe handelt oder nicht.**

Wenn ich krank bin, kommt meine Mama zu mir und liest mir eine Geschichte vor. Außerdem kocht sie dann die Sachen, auf die ich mich ganz besonders freue.

Ist das für dich Liebhaben? ja ☐ nein ☐

Wenn Tante Sophie zu Besuch kommt, möchte sie immer, dass ich ihr einen Kuss auf die Wange gebe. Manchmal möchte ich das nicht. Sie macht dann immer ein Drama daraus.

Ist das für dich Liebhaben? ja ☐ nein ☐

Wenn meine Eltern am Sonntag gern länger schlafen möchten, stehe ich immer schon leise auf und decke den Frühstückstisch.

Ist das für dich Liebhaben? ja ☐ nein ☐

Wenn mein kleiner Bruder will, dass ich mit ihm zum Spielplatz gehe, gehe ich mit, auch wenn ich es manchmal langweilig finde.

Ist das für dich Liebhaben? ja ☐ nein ☐

Abb.: Eva Spanjardt

Mein Onkel sagt, wenn ich in der Mathearbeit eine 1 schreibe, dann bekomme ich 10 Euro.

Ist das für dich Liebhaben? ja ☐ nein ☐

Meine Freundin sagt, wenn ich ihre beste Freundin bin, dann soll ich auch nur mit ihr spielen.

Ist das für dich Liebhaben? ja ☐ nein ☐

Was zum Liebhaben dazugehört

Nehmt nun das Arbeitsblatt 1 und vergleicht.
Was habt ihr angekreuzt?
Gibt es Ähnlichkeiten oder Unterschiede?

Überlegt nun gemeinsam: Was ist Liebe?
Schreibt es unten auf.

Liebe ist …

....

....

....

....

....

Zum Liebhaben gehört …

....

....

....

....

....

Diskutiert eure Antworten.
Stellt dann gemeinsam eine bunte Wandzeitung mit „Liebessätzen" zusammen.

Vielleicht interviewt ihr auch andere Kinder der Schule und schreibt ihre Antworten mit auf das Plakat.

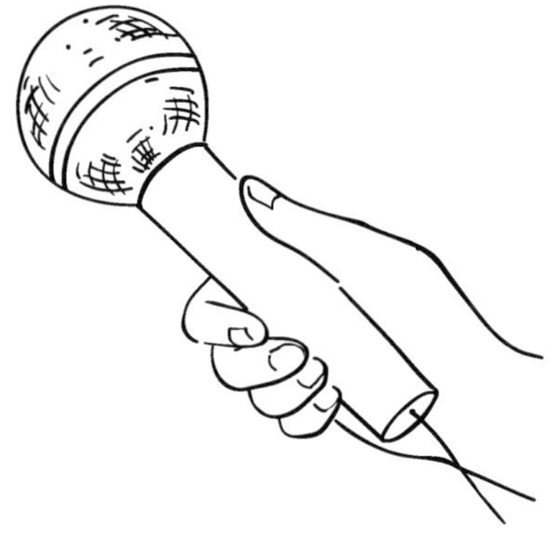

Abb.: Dorothee Wolters

Sexuelle Orientierung

Liebe und Sex

Infotext

Liebe ist ein schönes, aufregendes Gefühl. Viele Menschen verlieben sich zum ersten Mal, wenn sie in der Pubertät sind.

Oft verlieben sich Menschen in jemanden, der ein anderes Geschlecht hat als sie selbst. Das nennt man **heterosexuell**. Einige verlieben sich auch in jemanden, der das gleiche Geschlecht hat wie sie selbst. Das nennt man homosexuell.

Wenn sich eine Frau in eine Frau verliebt, nennt man das auch **lesbisch**. Und wenn sich ein Mann in einen anderen Mann verliebt, sagt man **schwul** dazu.

Es gibt aber auch Menschen, die sich mal in jemanden mit einem anderen Geschlecht und mal in jemanden mit dem gleichen Geschlecht verlieben. Das nennt man dann **bisexuell**.

 **Ordne die fett gedruckten Begriffe aus dem Text dem richtigen Beispiel zu.**

Mein Name ist Can. Ich bin seit 3 Jahren mit meinem Freund Leo zusammen. Nächstes Jahr wollen wir in eine gemeinsame Wohnung ziehen. ....

Ich bin Emma. Das erste Mal verliebt war ich in Sophie, aber sie mochte leider jemand anderes lieber. Mein neuer Crush ist Ben. Er geht in meine Klasse. ....

Hallo, ich heiße Malik. Seit letztem Wochenende bin ich mit Lina zusammen. Ich bin schon lange in sie verknallt und dann habe ich sie Samstag auf einer Geburtstagsparty einfach gefragt und sie hat Ja gesagt! ....

Mein Name ist Amelie und ich bin total aufgeregt: Letzten Sommer habe ich in einem Jugendcamp Nele getroffen. Seitdem schreiben wir uns ständig und flirten sogar ein bisschen! Wenn wir uns wiedersehen, will ich sie fragen, ob sie meine Freundin sein will – ich hoffe, ich traue mich. ....

 **Frage eine Person, wie es sich angefühlt hat, als sie zum ersten Mal verliebt war.**
Du kannst deine Eltern fragen, andere Verwandte oder eine befreundete Person. Notiere die Antwort in deinem Heft oder auf einem Blatt Papier.

Sex haben – Was heißt das?

Schaue dir die Bilder an. Überlege, was hier passiert.
Schreibe eine Erklärung unter das Bild.

© Nadun prabodana – Shutterstock.com

© Kastoluza – Shutterstock.com

© Iconic Bestiary – Shutterstock.com

© GoodStudio – Shutterstock.com

© GoodStudio – Shutterstock.com

Bildet einen Sitzkreis. Jedes Kind stellt kurz eine seiner Erklärungen zu den Bildern vor.

Überlegt gemeinsam, wie die Situation sein sollte, wenn man mit jemandem Sex haben möchte.

Sex haben – Was heißt das?

Infotext

Zwei Menschen, die sich lieben, wollen auch ganz nah zusammen sein. Dieses Gefühl kennst du sicher auch. Wenn die Menschen aber erwachsen werden, dann wollen viele miteinander Sex haben.
Aber was geschieht dabei eigentlich? Dann küssen sie sich und schmusen. Sie streicheln sich am ganzen Körper: vom Gesicht über die Brust bis hin zu den Geschlechtsorganen. Bei beiden stellt sich am ganzen Körper ein besonders schönes Gefühl ein. Man spricht auch von sexueller Erregung.
Durch diese sexuelle Erregung füllen sich die Schwellkörper im Penis mit Blut. Der Penis wächst, wird steif und hart und richtet sich auf. Dies nennt man Erektion. Auch die Scheide weitet sich und wird feucht. Es gibt verschiedene Möglichkeiten, Sex zu haben. Zum Beispiel führt man den Penis oder einen Finger in die Scheide ein oder streichelt den Penis so, dass schöne Gefühle entstehen. Man bewegt sich gemeinsam oder streichelt sich intensiver, um das schöne Gefühl zu steigern. Dabei stöhnen viele oder atmen schneller und tiefer, weil es sich so gut anfühlt.
Nach einer Weile erleben die beiden ein ganz besonderes Gefühl, das den ganzen Körper durchströmt. Diesen Moment nennt man Höhepunkt oder Orgasmus. Vom Penis wird dabei oft Samenflüssigkeit abgegeben. Wenn sie in die Scheide gelangt, kann dadurch eine Schwangerschaft entstehen. Nach dem Orgasmus schwellen die Geschlechtsorgane wieder ab und man ist danach meistens ganz entspannt und zufrieden.

© Rimma R – Shutterstock.com

© Rimma R – Shutterstock.com

Sex haben – Was heißt das?

Liebe und Sex

(3/3)

Manche Menschen sagen anstatt „Sex haben“ auch „bumsen“ oder „vögeln“. Andere Menschen sagen auch „miteinander schlafen“, aber das ist nicht ganz richtig. Denn die Menschen schlafen ja gar nicht. Häufig drücken Menschen mit Sex aus, dass sie sich sehr lieb haben. Deshalb spricht man oft auch von „Liebe machen“. Nicht immer läuft es so ab, wie du auf Blatt 2 gelesen hast. Viele Erwachsene finden unterschiedliche Sachen schön.

Wichtig: Sex müssen beide wollen und er sollte immer für beide angenehm sein. Wenn man etwas nicht will, kann man das immer sagen und jederzeit aufhören.

Welche Wörter für „Sex haben“ kennst du noch?
Du kannst auch gemeinsam mit einem anderen Kind überlegen.

....

....

....

Welche Wörter für „Sex haben“ klingen deiner Meinung nach liebevoll, welche klingen weniger liebevoll?
Lege eine Tabelle in deinem Heft oder auf einem Blatt Papier an.

liebevoll	nicht liebevoll

Streiche die falschen Sätze durch.

Die Schwellkörper im Penis füllen sich bei sexueller Erregung mit Wasser.

Manche Menschen stöhnen beim Sex oder atmen schneller und tiefer.

Die Scheide wird durch die sexuelle Erregung ganz eng.

Den Höhepunkt der sexuellen Erregung nennt man Origami.

Mit Erektion ist gemeint, dass sich der Penis aufrichtet und steif wird.

Die meisten Menschen fangen bei sexueller Erregung an, zu frieren.

Beim Orgasmus kommt aus dem Penis Samenflüssigkeit geschossen.

Die meisten Menschen fühlen sich nach dem Sex entspannt.

Verhütung geht alle an

Liebe und Sex

Infotext

Wenn beim Sex eine Samenzelle und eine Eizelle zusammentreffen, dann kann dabei ein Kind entstehen. Wenn ein Paar das nicht möchte, kann es Verhütungsmittel und -methoden anwenden.

Hier einige Verhütungsmittel, die dafür angewendet werden können:

Die Pille
Die Pille ist eine Tablette, die täglich eingenommen werden muss. Sie sendet Botenstoffe in den Körper. Diese verhindern, dass in den Eierstöcken jeden Monat ein neues Ei freigesetzt wird. So kann keine Schwangerschaft entstehen.

Die Spirale
Die Spirale ist eine Vorrichtung aus Kunststoff, die von einem Arzt oder einer Ärztin in die Gebärmutter eingesetzt wird. Sie enthält als zusätzlichen Bestandteil Kupfer oder einen Botenstoff, der ständig in kleinsten Mengen von der Spirale abgegeben wird. Dadurch werden die Samenzellen auf dem Weg in die Eileiter gehemmt. Die Spirale verhindert auch, dass sich ein befruchtetes Ei in der Gebärmutter einnistet.

Diaphragma
Das Diaphragma sieht aus wie eine Halbkugel aus Gummi. Es muss vor jedem Geschlechtsverkehr in die Scheide eingeführt werden und versperrt den Zugang zur Gebärmutter. Es verhindert, dass Spermien in die Gebärmutter wandern.

Symptothermale Methode
Anhand der Temperatur und der Beobachtung verschiedener Körperzeichen bestimmt man die Tage im weiblichen Zyklus, an denen eine Schwangerschaft möglich wäre. Die Methode muss man erst erlernen. Außerdem muss man seinen Körper ganz genau kennen und sehr diszipliniert sein.

Kondom
Ein Kondom ist eine Hülle aus hauchdünnem Gummi und wird über den steifen Penis gezogen. Das Kondom fängt die Spermien auf, damit sie nicht in die Scheide gelangen. Das Kondom ist auch deshalb so wichtig, weil es als einziges Verhütungsmittel vor Krankheiten schützt, die beim Geschlechtsverkehr übertragen werden.

Besprecht folgende Fragen und schreibt auf:
Kennt ihr noch andere Verhütungsmittel?
Wo kann man Verhütungsmittel kaufen?

So benutzt man ein Kondom

Liebe und Sex

Lies die Sätze. Schneide sie aus und bringe sie in die richtige Reihenfolge.
Überprüft gemeinsam, ob die Reihenfolge richtig ist.

Klebe sie dann auf ein Blatt Papier oder in dein Heft.

Abb.: Magnus Siemens

Die Anwendung eines Kondoms erfordert etwas Übung. Mit einer Banane kann man die Anwendung ganz gut üben. Vielleicht übt ihr in der Klasse?

Die Vorhaut des Penis vorsichtig zurückstreifen.

Das Kondom auf den steifen Penis setzen und abrollen. Der Gummiwulst zum Abrollen muss immer außen sein.

Die Verpackung vorsichtig öffnen. Die Luft aus der Spitze des Kondoms drücken, damit genügend Platz für die Samenflüssigkeit bleibt.

Nach dem Sex den Penis vorsichtig herausziehen, bevor er wieder schlaff wird. Dabei das Kondom festhalten.

Das Kondom mit Papier einwickeln und in den Mülleimer werfen. Jedes Kondom immer nur einmal benutzen!

Der Penis kann nun mit dem Kondom eingeführt werden.

So viele Gefühle

Liebe und Sex

 **Lies die Texte.**
Welches Kind kannst du besonders gut verstehen?
Warst du auch schon einmal in einer ähnlichen Situation?
Schreibe deine Meinung auf ein Blatt Papier oder in dein Heft.

 **Suche dir einen Text aus. Sei nun die beste Freundin oder der beste Freund des Kindes und berate es.**
Schreibe deinen Ratschlag als Brief auf ein Blatt Papier und lies ihn deinen Mitschülerinnen und Mitschülern vor.

Julia ist seit ein paar Monaten in meinem Basketballteam. Ich finde sie wirklich klasse. Das Training macht mit ihr noch mehr Spaß und manchmal treffen wir uns auch, um gemeinsam an der Konsole zu spielen. Aber letzte Woche hat sie dann beim Training plötzlich nur noch mit Bilal gesprochen. Sie haben auch ganz viel gelacht. Vielleicht mag sie ihn lieber als mich. Er spielt auch viel besser Basketball. Was mache ich denn jetzt?

Emilio, 10 Jahre

Ich bin total in Lea verknallt. Das Problem ist – ich weiß gar nicht, ob sie auch auf Mädchen steht. Wenn ich ihr zeigen würde, dass ich sie mag, und sie steht gar nicht auf Mädchen, wäre das super peinlich. Aber ich weiß auch nicht, wie ich sie fragen soll. Neulich hat sie mich so angelächelt, als wir uns begegnet sind ... Vielleicht mag sie mich ja auch?

Hena, 13 Jahre

Abb.: Rebecca Meyer

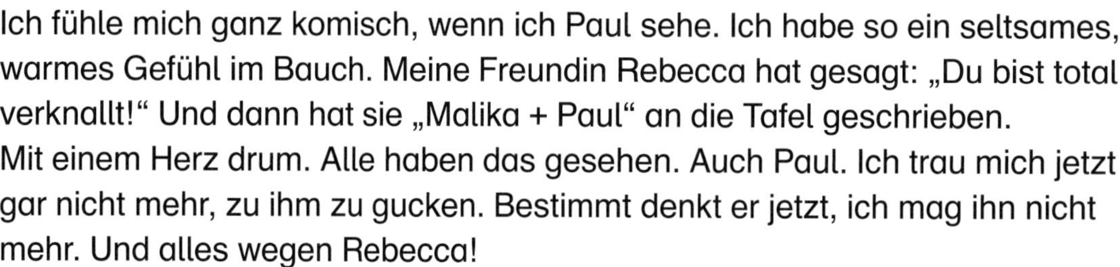

Ich fühle mich ganz komisch, wenn ich Paul sehe. Ich habe so ein seltsames, warmes Gefühl im Bauch. Meine Freundin Rebecca hat gesagt: „Du bist total verknallt!“ Und dann hat sie „Malika + Paul“ an die Tafel geschrieben. Mit einem Herz drum. Alle haben das gesehen. Auch Paul. Ich trau mich jetzt gar nicht mehr, zu ihm zu gucken. Bestimmt denkt er jetzt, ich mag ihn nicht mehr. Und alles wegen Rebecca!

Malika, 9 Jahre

Sich streicheln – Darf man das?

Liebe und Sex

(1/2)

Infotext

Schon Babys erforschen ihren Körper. Sie fassen sich an die Vulva oder den Penis. In dem Alter findet das noch niemand schlimm. Aber wenn die Kinder älter werden, wenn sie in den Kindergarten oder in die Schule gehen, denken viele Erwachsene anders darüber. Sie sagen dann manchmal: „Fass dich da unten nicht an. Das macht man nicht."

Das stimmt aber nicht. Seinen eigenen Körper und die Geschlechtsteile anzufassen, ist ganz normal und natürlich. Viele Menschen – Erwachsene und Kinder – finden es angenehm oder beruhigend, sich am Penis oder an der Klitoris zu berühren oder ihren eigenen Körper zu streicheln. Das nennt man Selbstbefriedigung.

Man kann dabei auch einen Orgasmus bekommen.

Abb.: Bettina Weyland

Selbstbefriedigung ist etwas ganz Normales. Es ist aber auch ein privates Gefühl, das jede Person für sich allein spüren sollte.
Viele Menschen machen es. Es gibt aber auch Menschen, die es nicht mögen. Jeder Mensch muss das für sich allein entscheiden.

Abb.: Bettina Weyland

 **Lies den Text und beantworte unten folgende Fragen:**
Was bedeutet Selbstbefriedigung? Was macht man dabei? Worauf sollte man achten? In welchem Alter beginnen Menschen, ihren Körper zu erforschen?

Sich streicheln – Darf man das?

Lou und Marvin haben auf dem Weg zur Schule ein Gespräch über Selbstbefriedigung belauscht und wissen nicht, was richtig oder falsch ist. Schaut euch an, was die beiden aufgeschnappt haben.

Du kriegst Pickel, wenn du deinen Penis anfasst.

Das macht man nur, wenn man allein ist.

Selbstbefriedigung macht man nicht. Das ist unanständig.

Es ist wichtig, seinen Körper kennenzulernen.

Abb.: Bettina Weyland

Wenn man seine Geschlechtsteile anfasst, bekommt man meistens große seelische Probleme.

 **Welche Aussagen sind richtig?**
Was würdest du Lou und Marvin raten?

....

....

Warum erzählen einige Menschen Dinge über Selbstbefriedigung, die nicht stimmen? Was meinst du?

....

....

 **Welche Meinung hast du dazu?**
Schreibe deine Meinung auf einen kleinen Zettel.
Dann lesen einige Kinder alle Meinungen vor.
Wenn ihr möchtet, könnt ihr auch gemeinsam diskutieren.

Mach nur, was sich gut anfühlt!

Liebe und Sex

Paco kommt von der Schule nach Hause. Er hat Bauchschmerzen und möchte eigentlich nur seine Ruhe. Als Paco in die Wohnung kommt, will sein Vater ihn – wie immer – zur Begrüßung umarmen. Aber heute möchte Paco das nicht. Er weicht einen Schritt zurück.

Papa versteht sofort. „Möchtest du gerade nicht umarmt werden?“, fragt er. Paco nickt. Er ist froh, dass sein Papa das versteht.

!

Du allein entscheidest, was sich für dich gut anfühlt.

Wenn du es nicht möchtest, darf dich niemand anfassen.

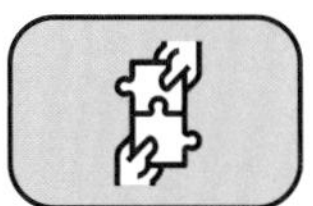

„Nein“ kann man auf verschiedene Weise sagen. Paco zum Beispiel weicht einen Schritt zurück.
Überlegt zu zweit, welche 5 Arten, „Nein“ zu sagen, euch einfallen.

Was möchtest du gern von wem?
Trage passende Smileys ein: ☺ = ja ☹ = nein 😐 = manchmal
Du kannst auch noch eine weitere Person eintragen.

	Mama	Papa	Bruder/ Schwester	Oma	Opa	beste Freundin/ bester Freund	
mich kitzeln							
mich umarmen							
meinen Rücken streicheln							
mich auf die Stirn küssen							
mich auf den Mund küssen							
meinen Po berühren							

Wie ein Baby entsteht

Das Thema „Schwangerschaft" ist für die Kinder oft **besonders interessant**. Diejenigen, die jüngere Geschwister haben, können sich vielleicht auch an die **Schwangerschaftszeit ihrer Mütter** erinnern.
Auch finden sich oft Säuglingsfotos der Kinder, Kinderpässe, Babykleidung oder sogar das Armband, das sie nach der Geburt getragen haben, wieder.

Ideen:

- Sie ziehen eine **Wäscheleine** durch den Raum. Daran wird die mitgebrachte **Babykleidung** aufgehängt.
- Die Kinder richten eine **Ausstellung** auf einem Tisch ein mit Fotos, Babypässen u. a.
- Lassen Sie eine **Babypuppe** mitbringen und das Wickeln und Tragen von Babys üben.
- Im Religionsunterricht kann fächerübergreifend das Thema **„Taufe"** angesprochen werden.
- Wenn in der Klasse gerade ein **Geschwisterkind** erwartet wird oder geboren wurde, kommen vielleicht die Eltern zu Besuch.
- Wenn Sie mögen, können Sie ein Babybild von sich selbst mitbringen und es gemeinsam mit anderen Babybildern zeigen. Die Klasse rät, welches Bild zu Ihnen gehört.
- Eventuell erhalten Sie die Möglichkeit, einen **Kreißsaal** oder ein Geburtshaus zu **besichtigen**. Auch der Besuch einer Hebamme ist für die Kinder interessant.

Interview zum Thema „Geburt“

Führe ein Interview mit jemandem, der schon einmal ein Kind bekommen hat. Vielleicht deine Mutter, eine Verwandte oder eine Nachbarin, mit der du dich gut verstehst?
Notiere die Antworten unter den Fragen.

Wann hast du ein Kind bekommen?

....

Wer war bei der Geburt dabei?

....

....

Wie verlief die Geburt?

....

....

Wie ging es dir danach?

....

Wer hat sich den Namen für das Baby ausgedacht?

....

Wer machte das erste Foto von dir und dem Baby?

....

Wie verlief der erste Tag zu Hause?

....

Setzt euch in kleinen Gruppen zusammen und lest euch eure Antworten vor.

Überlegt gemeinsam: Was braucht man alles für ein neu geborenes Baby?

Abb.: Bettina Weyland

Ein neues Leben entsteht

Wie ein Baby entsteht

(1/2)

Infotext

Wenn der Penis bei einem Samenerguss in der Scheide ist und der Samen in die Scheide fließt, dann machen sich Millionen winziger Samenzellen auf den Weg. Die Samenzellen haben kleine Schwänzchen, die sich hin- und herbewegen. So kommen sie vorwärts. Sie wandern durch die Gebärmutter in die Eileiter.

Ein Kind entsteht aber beim Sex nur dann, wenn gerade eine Eizelle im Körper gereift ist. Das geschieht ungefähr einmal im Monat. Dann macht sich das Ei auf den Weg vom Eierstock zum Eileiter. Wenn die Samenzellen jetzt auf die Eizelle treffen, versuchen sie, in diese einzudringen und mit ihr zu verschmelzen.

Doch nur eine Samenzelle von den vielen schafft es. Danach verschließt sich die Eizelle und die übrigen Samenzellen bleiben draußen. Diesen Vorgang nennt man Befruchtung.

Die befruchtete Eizelle bewegt sich nun langsam weiter durch den Eileiter Richtung Gebärmutter. Dabei teilt sich die Zelle immer weiter, bis sie eine Zellkugel ist. Dies ist der Embryo. Aus diesem Embryo entwickelt sich später das Baby. Der Embryo nistet sich in der Wand der Gebärmutter ein und wächst dort heran. Die Zeit des Wachsens nennt man Schwangerschaft. Etwa ab der 8. Schwangerschaftswoche nennt man den Embryo Fötus. Insgesamt dauert die Schwangerschaft ungefähr 9 Monate. Dann wird das Baby geboren.

Eizelle

Samenzellen

Kreuze an, was richtig ist.

- ☐ Bei einem Samenerguss kommen Millionen von Samenzellen aus dem Penis.
- ☐ Beim Sex entsteht auf jeden Fall ein Kind.
- ☐ Eine Eizelle reift ungefähr 3-mal im Monat.
- ☐ Nur eine Samenzelle schafft es, in die Eizelle zu gelangen.
- ☐ Nach der Befruchtung verschmelzen Eizelle und Samenzelle.
- ☐ Die befruchtete Eizelle nistet sich im Eileiter ein.
- ☐ Ab der 4. Schwangerschaftswoche nennt man den Embryo Fötus.
- ☐ Eine Schwangerschaft dauert ungefähr 9 Monate.

Ein neues Leben entsteht

Wie ein Baby entsteht

(2/2)

Beim Sex kann es zu einer Schwangerschaft kommen.

Arbeitet zu zweit. Beantwortet gemeinsam die Fragen.
Notiert anschließend beide die Antworten.

Was passiert …

… wenn der Penis beim Samenerguss in der Scheide ist?

....

....

… mit einer befruchteten Eizelle?

....

....

… wenn sich der Embryo in der Wand der Gebärmutter eingenistet hat?

....

....

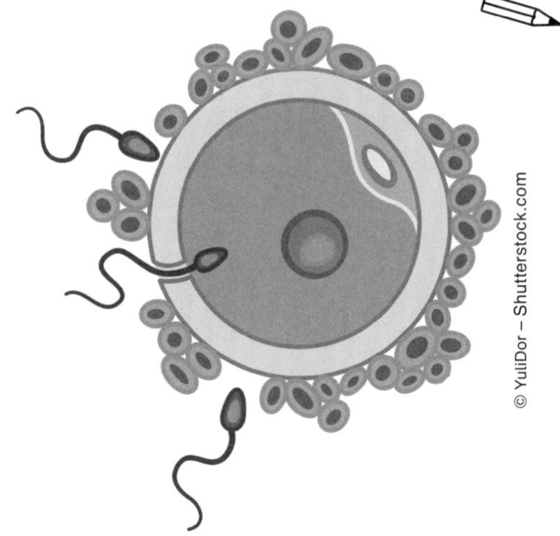

© YuliDor – Shutterstock.com

Könnt ihr dieses Bild erklären?
Was ist hier geschehen?

....

....

....

....

....

....

Stellt eure Ergebnisse den anderen vor.

Wieso bin ich so, wie ich bin?

Wie ein Baby entsteht

Infotext

Jeder Mensch entsteht dadurch, dass eine Samenzelle mit einer Eizelle verschmilzt. Die Samenzelle und die Eizelle beeinflussen auch einige Eigenschaften, die der Mensch später haben wird: Vor allem das Aussehen, aber manchmal auch bestimmte Talente oder die Anfälligkeit für einige Krankheiten. In der Eizelle und der Samenzelle sind unsere Gene. Sie enthalten Informationen über den Bauplan des Körpers. Zum Beispiel darüber, ob ein Baby einen Penis oder eine Vagina haben wird, ob man eher groß oder klein werden wird oder welche Farbe die Haut und die Haare haben werden.

Weil die Samenzelle und die Eizelle verschmelzen, hat man immer Gene von beiden Elternteilen in sich. Durch die Kombination der Gene können aber zum Beispiel auch andere Haarfarben oder Hautfarben entstehen. Außerdem spielen nicht nur die Gene eine Rolle, sondern auch, wie wir aufwachsen und was wir von unseren Bezugspersonen lernen. Du bist ein Ass in Mathe? Vielleicht hast du das geerbt – vielleicht hast du aber einfach von deinen Eltern gelernt, dass Mathe etwas Spannendes ist. Das weiß man nicht so genau. Auf jeden Fall bist du eine ganz besondere und einzigartige Persönlichkeit!

Sind dir schon mal Ähnlichkeiten zwischen Eltern und Kindern aufgefallen? Zum Beispiel in deiner Familie oder bei Freundinnen und Freunden?
Notiere deine Antwort in deinem Heft oder auf einem Blatt Papier.

Sprecht in der ganzen Klasse über eure Antworten.

Neues Leben entwickelt sich

Wie ein Baby entsteht

(1/3)

Infotext

Etwa einen Tag nach der Befruchtung beginnt die Zellteilung. Wenige Tage später nistet sich das Ei in der Wand der Gebärmutter ein. Ab diesem Moment spricht man von einer Schwangerschaft.

In der 6. bis 8. Schwangerschaftswoche sieht der Embryo aus wie eine kleine Bohne. Mit Ultraschall-Geräten, die das Körperinnere sichtbar machen, sind einige Körperteile schon zu erkennen, wie Augen, Nase und Mund. Auch das Herz fängt an, zu schlagen. Ab der 8. Woche nennt man das kleine Wesen Fötus.

In der 9. bis 13. Woche entwickeln sich Gehirn und Nervensystem. Alle Organe und Körperteile sind schon vorhanden, aber noch nicht ausgewachsen.

In der 14. bis 18. Woche kann der Fötus schon strampeln und am Daumen nuckeln. Nun werden auch die Geschlechtsorgane sichtbar, besonders der Penis.

In der 19. bis 22. Woche kann der Fötus schon hören. Er hört die Stimme seiner Mama, aber auch die Geräusche aus der Umgebung. Man kann jetzt von außen spüren, wie er sich im Bauch bewegt.

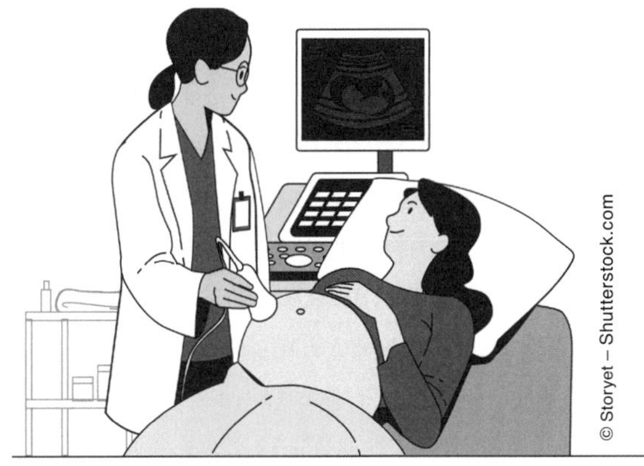

© Storyet – Shutterstock.com

In der 23. bis 27. Woche entwickelt der Fötus Phasen, in denen er wach ist oder schläft. Außerdem öffnet er seine Augen.

In der 28. bis 32. Woche ist das Ungeborene schon ziemlich weit entwickelt. Wenn es jetzt auf die Welt käme, hätte es gute Chancen, zu überleben.

In der 33. bis 36. Woche sind alle Organe ausgebildet. Das Kind macht sich jetzt bereit für die Geburt und dreht sich mit dem Kopf nach unten. Es schläft viel.

In der 37. bis 40. Woche nimmt das Kind noch einmal an Gewicht zu. Es ist etwa 3 kg schwer und 50 cm lang, wenn es geboren wird.

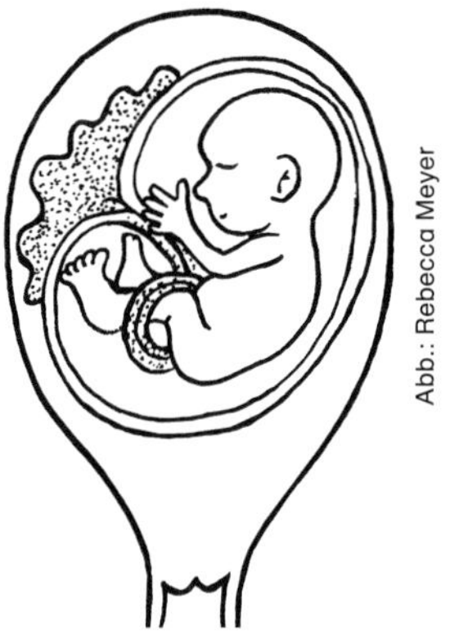

Abb.: Rebecca Meyer

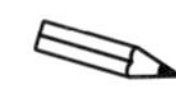 **Unterstreiche die wichtigsten Aussagen mit einem farbigen Stift.**

Was hat dich besonders erstaunt?

....

....

Neues Leben entwickelt sich

Wie ein Baby entsteht

(2/3)

Schaue dir die einzelnen Bilder und Sätze an.
Schneide sie aus. Zu jedem Bild gehört ein passender Satz. Sortiere sie in der richtige Reihenfolge und klebe sie nebeneinander auf ein Blatt Papier.

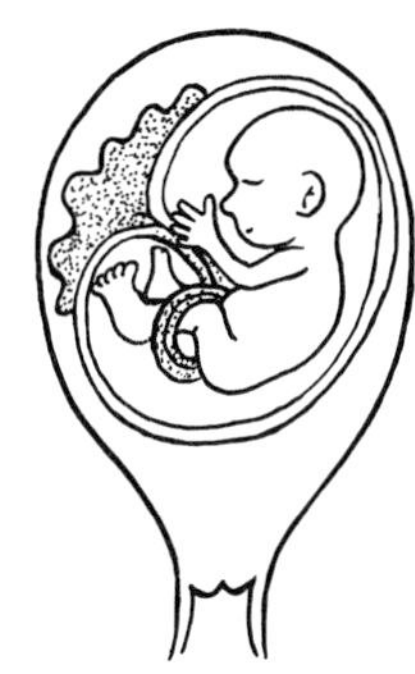

Abb.: Rebecca Meyer

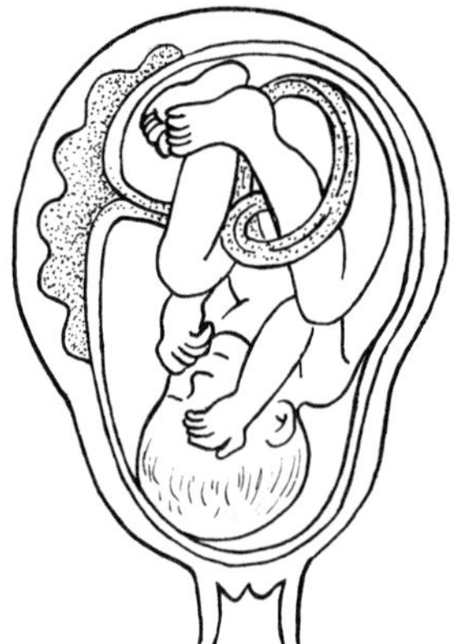

Abb.: Rebecca Meyer

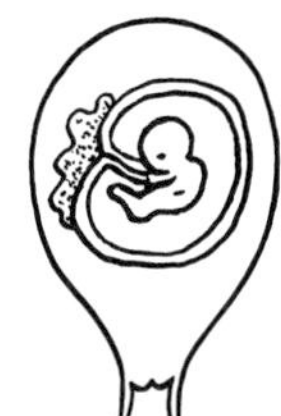

Abb.: Rebecca Meyer

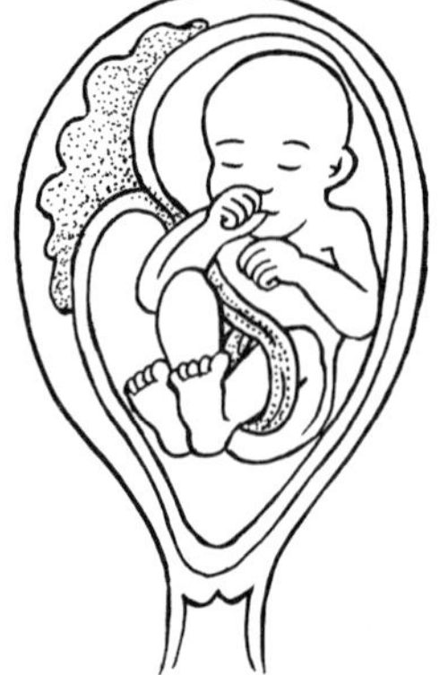

Abb.: Rebecca Meyer

Man kann das Gesicht erkennen. Das Herz fängt an, zu schlagen.	Der Fötus macht sich jetzt bereit für die Geburt und dreht sich mit dem Kopf nach unten.
Man nennt das neue Leben jetzt Fötus. Arme und Beine sind deutlich zu sehen.	Der Fötus kann jetzt schon strampeln und am Daumen nuckeln.

Neues Leben entwickelt sich

Wie ein Baby entsteht

(3/3)

Infotext

Wenn das Kind während der Schwangerschaft heranwächst, ist es in der Gebärmutter geborgen. Um es herum ist eine Haut, die Fruchtblase. Diese ist mit Fruchtwasser gefüllt, darin schwimmt der Fötus, wenn er noch klein ist. Kurz vor der Geburt wird es allerdings ziemlich eng. In der Fruchtblase ist das Kind gegen Lärm, Druck und Stöße von außen geschützt. Aber es benötigt auch Nahrung, Wasser und Sauerstoff. All diese Stoffe werden aus dem Körper der Schwangeren zum Kind transportiert, und zwar durch ein spezielles Organ, den Mutterkuchen. Er heißt auch Plazenta und liegt in der Gebärmutterschleimhaut. Er bildet die Verbindung zwischen dem Körper der Schwangeren und dem Körper des Fötus. Durch eine dünne Hautschicht gelangen die Nährstoffe zum Kind und hierüber scheidet es auch Abfallstoffe aus. Mit dem Körper des Kindes ist der Mutterkuchen durch die Nabelschnur verbunden. Nach der Geburt wird der Mutterkuchen ausgeschieden. Nun wird auch die Nabelschnur des Babys durchtrennt. Es braucht sie jetzt nicht mehr, denn es kann jetzt mit seinen eigenen Organen Nahrung aufnehmen und atmen. Der Nabel erinnert dich daher immer an die Zeit vor deiner Geburt.

 **Schaue dir das Bild an.**
Markiere das Fruchtwasser blau, die Gebärmutter rot, den Fötus gelb, die Nabelschnur grün und den Mutterkuchen lila.

Beschrifte die Zeichnung anschließend mit den passenden Begriffen.

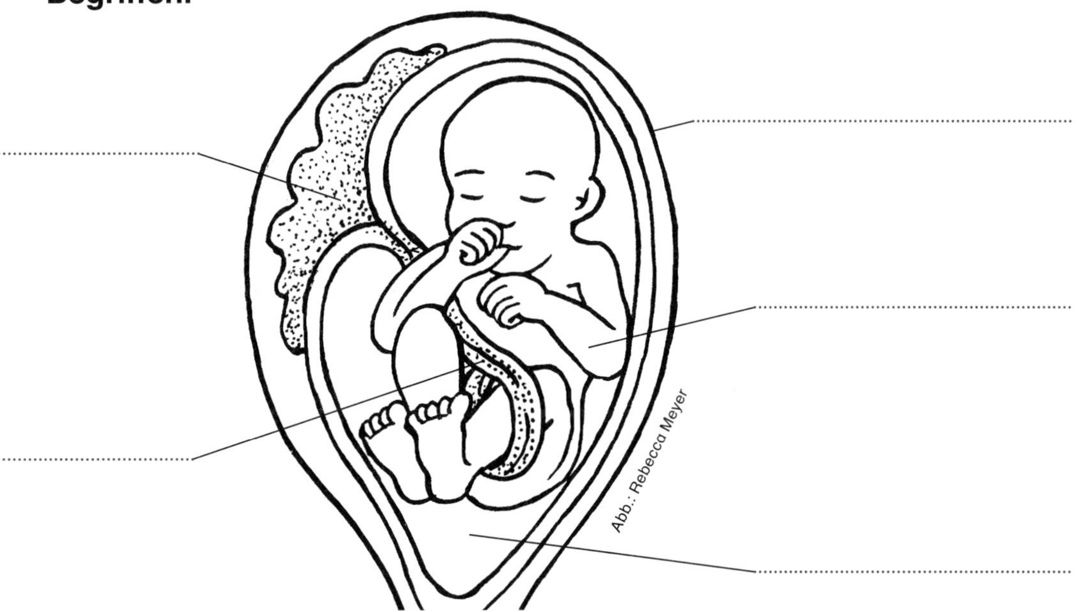

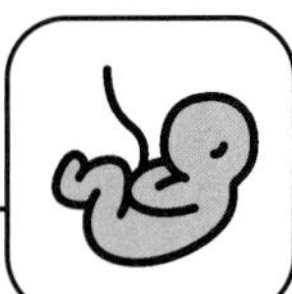

Kennst du dich mit Babys aus?

Wie ein Baby entsteht

(1/2)

Setze dich mit einem anderen Kind zusammen. Löst die Fragen zu diesem Rätsel.

Achtung: Ö = OE, Ü = UE, Ä = AE

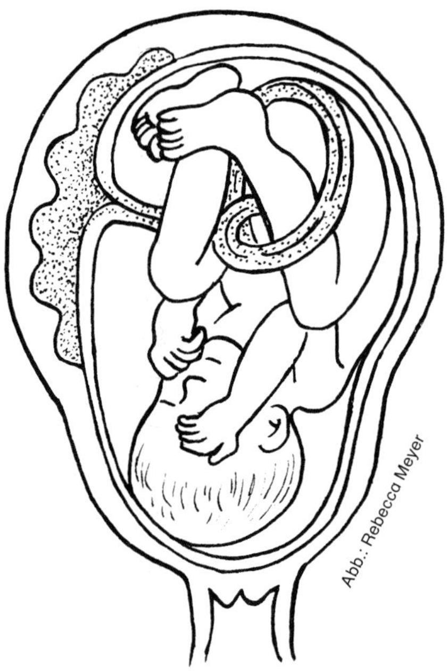

Kennst du dich mit Babys aus?

Wie ein Baby entsteht

(2/2)

Fragen für Babyexpertinnen und -experten

1. Wie nennt man den Fötus vor der 8. Woche?
2. Was beginnt etwa einen Tag nach der Befruchtung?
3. Was kann der Fötus ab der 19. bis 22. Woche?
4. Welcher Körperteil des Kindes liegt unten, wenn es sich für die Geburt bereit macht?
5. Eine Zelle, aus der ein Embryo entsteht.
6. Wie nennt man den Mutterkuchen noch?
7. Was tut das Ungeborene in der 33. bis 36. Woche, um in die Geburtsausgangslage zu kommen?
8. Wodurch sind der Fötus und der Mutterkuchen verbunden?
9. Was ist in der 9. bis 13. Woche schon angelegt?
10. Mit was für einem Gerät kann man das Körperinnere sichtbar machen?
11. Was schützt den Fötus zum Beispiel vor Lärm oder Druck von außen?
12. Was kann man in der 14. bis 18. Woche sehen?
13. In welchem Organ der Schwangeren liegt das Ungeborene?
14. Was beginnt in der 6. bis 9. Woche, zu schlagen?
15. Was verändert sich in der 37. bis 40. Woche noch besonders?

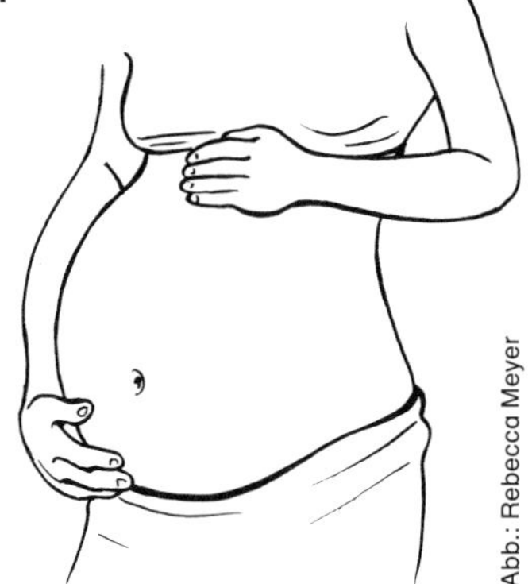

Abb.: Rebecca Meyer

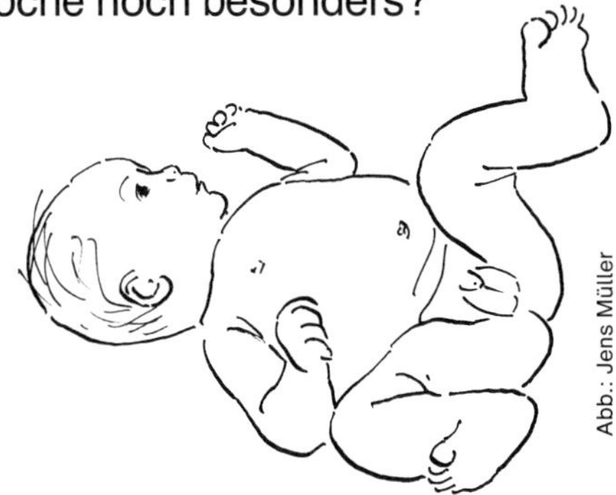

Abb.: Jens Müller

Die dunkler gefärbte Zeile ergibt, von oben nach unten gelesen, einen Satz.
Er lautet:

....
1 2 3 4 5 6 7 8 9 10 11 12 13 14 15

Ein Kind wird geboren

Die aufregende Geschichte von Hannahs Geburt

Ich erinnere mich noch gut daran, wie du geboren wurdest, Hannah. Mama und ich waren bei Freunden zum Essen eingeladen. Sie hatte starke Krämpfe im Bauch.
„Du hast Wehen. Unser Baby kommt. Hoffentlich schaffen wir es noch bis zur Klinik“, rief ich verzweifelt. Im Auto wurde es noch schlimmer. Ich hatte echt Panik, dass du im Auto geboren wirst.
Als wir im Krankenhaus ankamen, wurde Mama untersucht. „Der Muttermund ist schon 5 cm weit geöffnet“, erklärte die Hebamme. „Wie gut, dass Sie sofort gekommen sind.“
Eine Stunde später platzte die Fruchtblase. Dann wurden die Wehen stärker. Ich stand Mama bei, wo ich konnte, massierte ihr den Rücken, atmete mit ihr. Schließlich hatten wir zusammen einen Geburtsvorbereitungskurs besucht. Nach einer weiteren Untersuchung schob mich die Hebamme zur Seite.
„Nun ist es so weit“, sagte sie. „Es dauert nicht mehr lange.“
Sie rief die Ärztin und setzte Mama auf einen Gebärstuhl, auf dem sie die Beine aufstellen konnte. Ich konnte nur Mamas Hand nehmen und sie festhalten. Dann kamen die Presswehen. „Pressen!“, schrie die Hebamme. Mama presste, so fest sie konnte. „Noch einmal!“, rief die Hebamme. Mama keuchte und ihr Kopf war ganz rot. Sie tat mir schrecklich leid. Aber sie war so tapfer. Wieder und wieder beugte sie sich nach vorn und presste. Und dann kamst schließlich du, mit dem Kopf zuerst, aus ihrer Scheide. Du hattest schwarze Haare und warst wunderschön. Die Ärztin hat dich direkt kurz untersucht. „Es ist alles in Ordnung, herzlichen Glückwunsch“, sagte sie dann. Au Mann, was war ich glücklich!

 **Unterstreiche die Wörter, die du nicht kennst.**

Schreibe die wichtigsten Stationen bei der Geburt in dein Heft oder auf ein Blatt Papier.

Ein Kind wird geboren

Setze dich mit einem anderen Kind zusammen. Vergleicht, welche Stationen der Geburt ihr aufgeschrieben habt.

Ordnet die Wörter den passenden Erklärungen zu, indem ihr sie verbindet.

Öffnung von der Gebärmutter zur Scheide

Muttermund

Geburtsvorbereitungskurs

eine wässrige, mit Flüssigkeit gefüllte Hülle, in der das Baby schwimmt

Kanal, durch den das Baby auf die Welt kommt

Fruchtblase

Unterricht, in dem man alles über die Geburt und das Neugeborene lernt

Scheide

Gebärstuhl

Stuhl, auf dem die Schwangere bei der Geburt sitzen kann, wenn sie nicht im Bett liegen möchte

Wehen, die dafür sorgen, dass das Baby nach draußen gepresst wird

Person, die Schwangere bei der Geburt unterstützt

Presswehen

Hebamme

Die Gebärmutter zieht sich zusammen. Dadurch wird das Baby nach und nach aus dem Körper gedrückt.

Wehe

Ein Kind wird geboren

Schaue dir die Bilder an. Schreibe auf, was während der einzelnen Abschnitte der Geburt passiert.

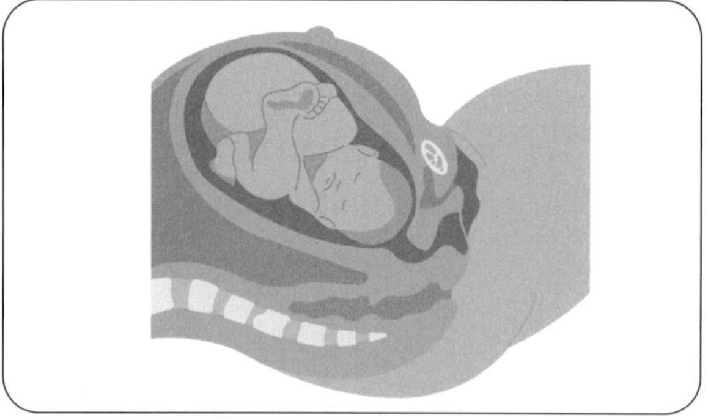

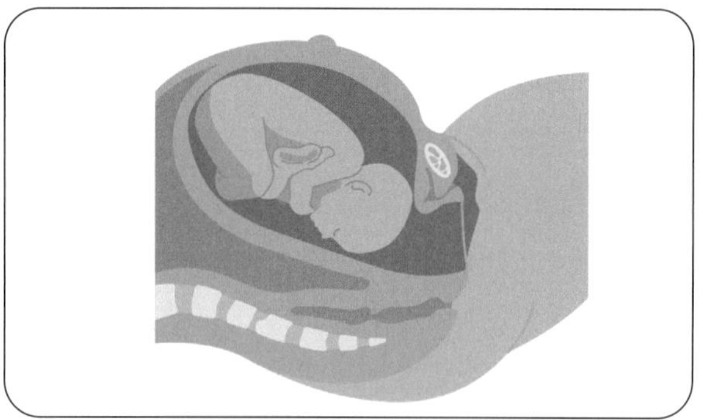

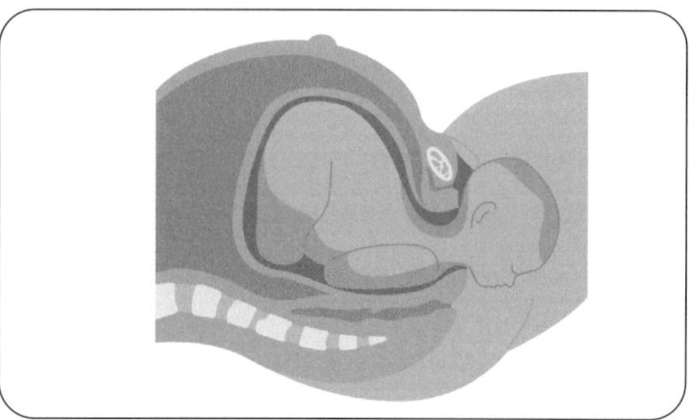

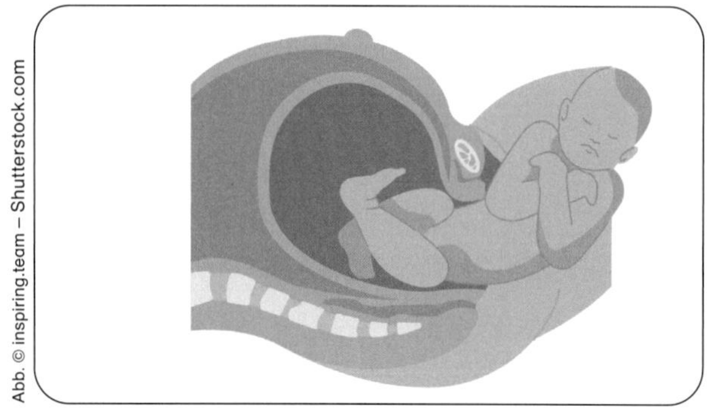

Abb. © inspiring.team – Shutterstock.com

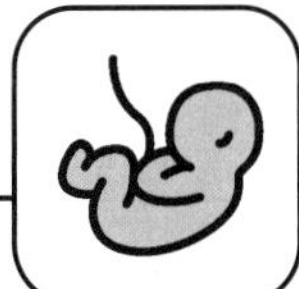

Nach der Geburt

Wie ein Baby entsteht

Abb.: Rebecca Meyer

Schaue dir das Bild an. Du siehst darauf, was nach der Geburt passiert. Schreibe es hier auf.

....

....

....

....

....

Jedes Kind, das eine Babypuppe und Babykleidung hat, bringt diese mit in die Schule.
Übt dann gemeinsam das Babywickeln.

Wie Zwillinge entstehen

Infotext

Manchmal wird nicht nur ein Kind geboren, sondern es werden Zwillinge. Noch seltener sind Drillinge, Vierlinge oder gar Fünflinge.
Es gibt eineiige und zweieiige Zwillinge. Eineiige Zwillinge entstehen nach der Befruchtung. Dann teilt sich befruchtete Zelle immer wieder, das nennt man dann Zellhaufen. Manchmal spaltet sich dieser Zellhaufen in zwei Zellhaufen auf und es wachsen zwei getrennte Embryonen daraus. Dann wachsen die Embryonen jeder für sich weiter und es entstehen zwei Menschen, die sich sehr ähnlich sind. Vor allem haben sie immer die gleichen Geschlechtsorgane.

Anders ist das bei zweieiigen Zwillingen: Hier sind zufällig zwei Eizellen gleichzeitig herangereift und beide werden gleichzeitig oder kurz hintereinander von einer anderen Samenzelle befruchtet. Diese Kinder sind manchmal so unterschiedlich wie andere Geschwister auch.

Abb.: Rebecca Meyer

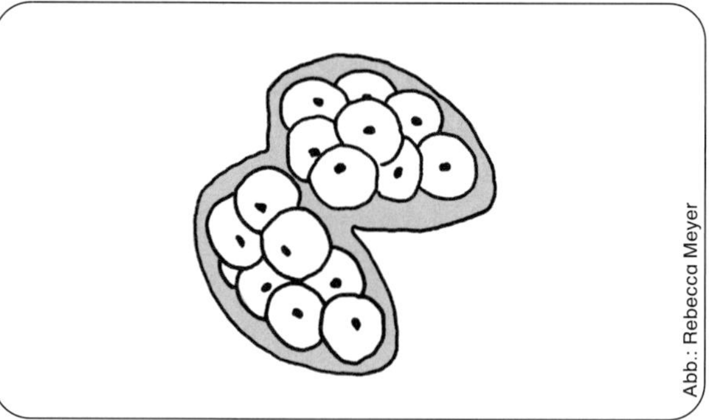

Abb.: Rebecca Meyer

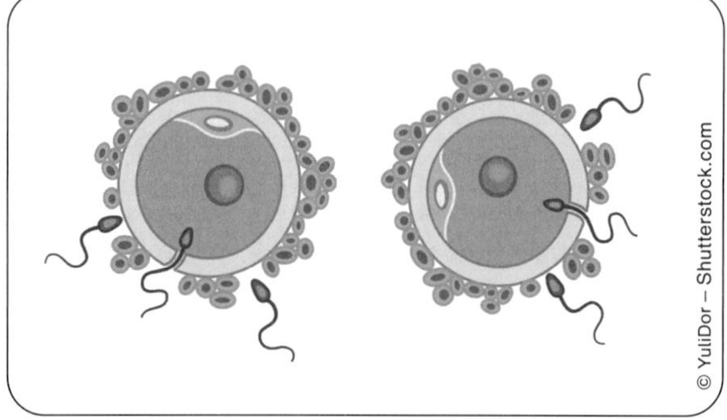

© YuliDor – Shutterstock.com

Abb.: Rebecca Meyer

 **Umrande die Bilder gelb, die zu eineiigen Zwillingen gehören, und die Bilder blau, die zu zweieiigen Zwillingen gehören.**

 **Beantworte die Aufgaben in deinem Heft oder auf einem Blatt Papier. Versuche, die Bilder zu erklären.**
Was meinst du: Was ist schön daran, ein Zwilling zu sein?
Was ist nicht so schön? Hättest du gern einen Zwilling?

S. 16: Das biologische Geschlecht

männlich: Vorhaut, Samenleiter, Hoden, Penis
weiblich: Gebärmutter, Scheide, Eierstöcke

S. 20: Die weiblichen Geschlechtsorgane (2/3)

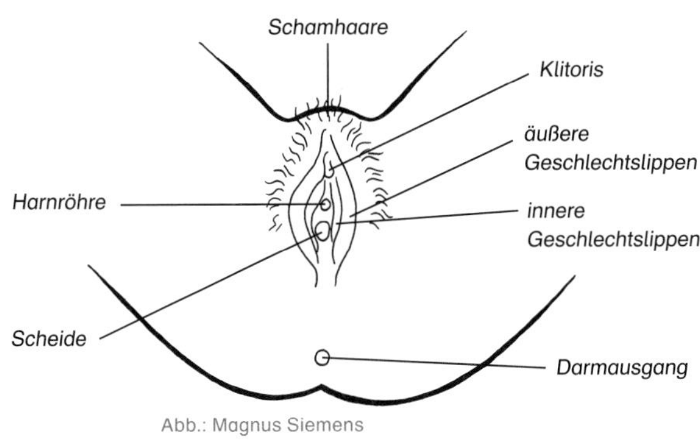

Abb.: Magnus Siemens

S. 21: Die weiblichen Geschlechtsorgane (3/3)

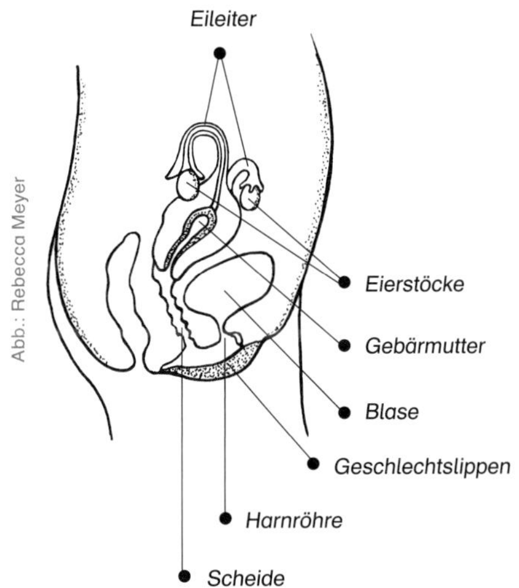

Abb.: Rebecca Meyer

S. 23: Die männlichen Geschlechtsorgane (1/2)

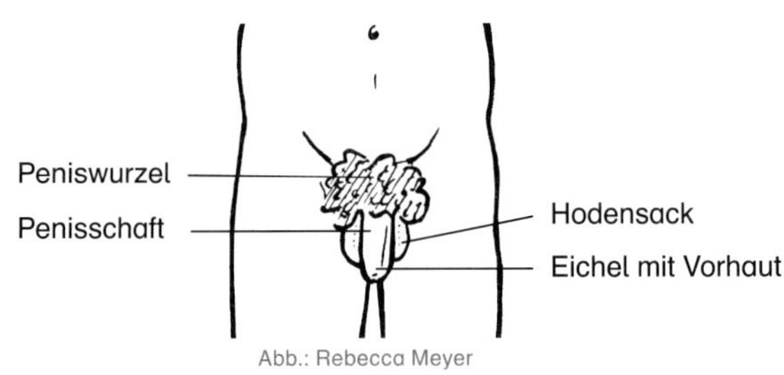

Abb.: Rebecca Meyer

S. 24: Die männlichen Geschlechtsorgange (2/2)

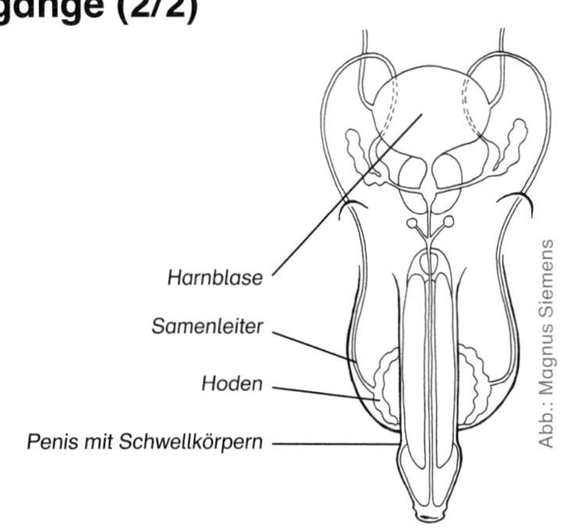

Abb.: Magnus Siemens

S. 25: Was ist die Menstruation? (1/3)

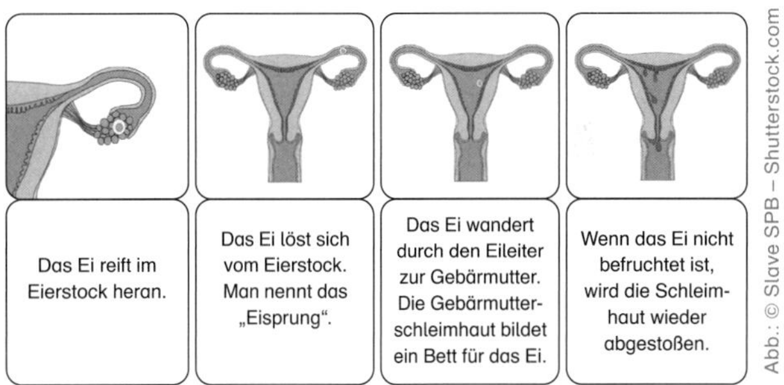

Das Ei reift im Eierstock heran.	Das Ei löst sich vom Eierstock. Man nennt das „Eisprung“.	Das Ei wandert durch den Eileiter zur Gebärmutter. Die Gebärmutterschleimhaut bildet ein Bett für das Ei.	Wenn das Ei nicht befruchtet ist, wird die Schleimhaut wieder abgestoßen.

Abb.: © Slave SPB – Shutterstock.com

S. 29: Wasser ist zum Waschen da!

Diese Antworten sind richtig:

- ✘ Die Vorhaut wird beim Waschen vorsichtig nach hinten geschoben.
- ✘ Smegma sollte täglich entfernt werden.
- ✘ Die Scheide reinigt sich innen selbst.
- ✘ Es reicht aus, die Vulva von außen mit Wasser zu waschen.

S. 41: Sex haben – Was heißt das? (3/3)

Diese Antworten sind falsch:

- ✘ Die Schwellkörper im Penis des Mannes füllen sich bei sexueller Erregung mit Wasser.
- ✘ Die Scheide wird durch die sexuelle Erregung ganz eng.
- ✘ Den Höhepunkt der sexuellen Erregung nennt man Origami.
- ✘ Die meisten Menschen fangen bei sexueller Erregung an, zu frieren.

S. 43: So benutzt man ein Kondom

1. Die Verpackung vorsichtig öffnen. Die Luft aus der Spitze des Kondoms drücken, damit genügend Platz für die Samenflüssigkeit bleibt.
2. Die Vorhaut des Penis vorsichtig zurückstreifen.
3. Das Kondom auf den steifen Penis setzen und abrollen. Der Gummiwulst zum Abrollen muss immer außen sein.
4. Der Penis kann nun mit dem Kondom eingeführt werden.
5. Nach dem Sex den Penis vorsichtig ziehen, bevor er wieder schlaff wird. Dabei das Kondom festhalten.
6. Das Kondom mit Papier einwickeln und in den Mülleimer werfen. Jedes Kondom immer nur einmal benutzen!

S. 50: Ein neues Leben entsteht (1/2)

Diese Antworten sind richtig:

- ✗ Bei einem Samenerguss kommen Millionen von Samenzellen aus dem Penis.
- ✗ Nur eine Samenzelle schafft es, in die Eizelle zu gelangen.
- ✗ Nach der Befruchtung verschmelzen Eizelle und Sammenzelle.
- ✗ Eine Schwangerschaft dauert ungefähr 9 Monate.

S. 55: Neues Leben entwickelt sich

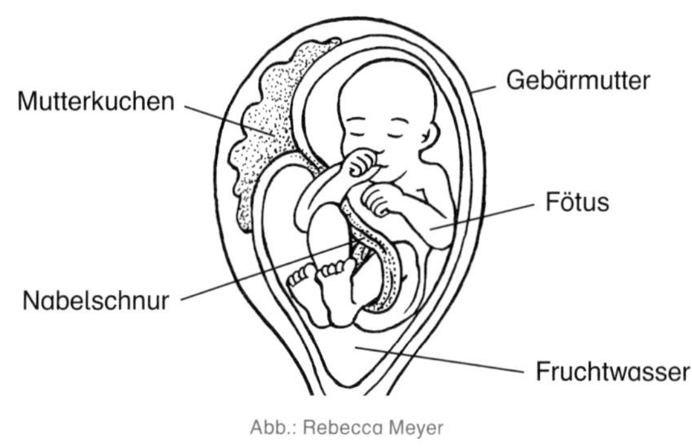

Abb.: Rebecca Meyer

S. 56/57: Kennst du dich mit Babys aus?

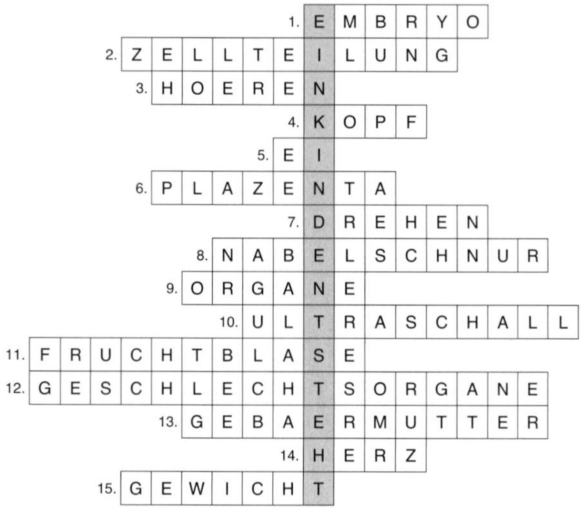

Satz: **EIN KIND ENTSTEHT**

S. 59: Ein Kind wird geboren (2/3)

Muttermund:
Öffnung von der Gebärmutter zur Scheide

Geburtsvorbereitungskurs:
Unterricht, in dem man alles über die Geburt und das Neugeborene lernt

Scheide:
Kanal, durch den das Baby auf die Welt kommt

Gebärstuhl:
Stuhl, auf dem die Schwangere bei der Geburt sitzen kann, wenn sie nicht im Bett liegen möchte

Presswehen:
Wehen, die dafür sorgen, dass das Baby nach draußen gepresst wird

Wehe:
Die Gebärmutter zieht sich zusammen. Dadurch wird das Baby nach und nach aus dem Körper gedrückt.

Fruchtblase:
eine wässrige, mit Flüssigkeit gefüllte Hülle, in der das Baby schwimmt

Hebamme:
Person, die Schwangere bei der Geburt unterstützt